JN121796

富坂キリスト教センター編

北東アジア・市民社会・キリスト教から観た「平和」

燦葉出版社

まえがき

この度、富坂キリスト教センター編、『北東アジア・市民社会・キリスト教から観た「平和」』を燦葉（さんよう）出版社より出版する機会があたえられたことを心より喜び、感謝したい。本書は二〇一八年十月から二〇二一年九月までの三年間、富坂キリスト教センターで行われた「北東アジアの平和思想史研究会」の研究成果を刊行したものである。富坂キリスト教センターは過去に、一九八二年以降「民衆神学研究会」を立ち上げ、一九九二年には「東アジアの和解のための五カ国国際学術討論会」を開催した。また、「地球のみんなと生きる」、「日韓キリスト教関係史資料集Ⅱ・Ⅲ」、「鼓動する東アジアのキリスト教―宣教と神学の展望」、「北朝鮮の食糧危機とキリスト教」、「現代中国キリスト教資料集」など、それぞれ関連の研究成果を刊行している。今回の研究会では、戦後最悪といわれる日韓関係、朝鮮半島の南北分断、沖縄の基地問題等、北東アジアが直面する非平和要因（中国、北朝鮮、台湾を含む）を視野に入れ、東アジア史の未来を展望しつつ「平和思想」について多角的に考察することを研究活動の目的とした。

本書をお届けすることは出来なかったが、「北東アジアの平和思想史研究会」の発足に大きな影響を与えた池明観（チミョングァン）先生の生涯とその働きを以下、略述することで本書の「まえがき」としたい。

二〇二二年一月一日、韓国の宗教哲学者、元翰林大学日本学研究所長の池明観先生が天国に旅立たれた。九十七歳の生涯であった。池先生は北朝鮮に生まれ、三歳で父親を事故死で失い、その後、母親と二人で南へ移住した。朝鮮戦争を前線で経験し、軍事独裁政権との闘いの中、亡命同然の形で来日した。一九七〇年代、東京女子大で教鞭をとりながら韓国の民主化運動を支援した。朴正煕（パクチョンヒ）、全斗煥（チョンドゥファン）両政権下での人権弾圧を、池先生は匿名「T・K生」の名で、一九七三年から八八年まで岩波書店の雑誌『世界』に「韓国からの通信」として連載した。「韓国からの通信」の情報源は、韓国の学生、労働者、宗教家、女性たちによる声明文や宣言文、ビラ、地下新聞などであった。勿論当時は、Eメール、フェイスブック、ツイッターなどは存在していない。これらの情報は東京を拠点とした日本のキリスト教関係者、海外の宣教師たちが韓国に行き、「運び屋」としてお土産品などに隠して日本に持ち帰った。当時、言論統制が厳しく韓国では報じられなかった事実が日本国内で共有され、外国語に翻訳されて世界に発信された。

池先生は韓国に帰国後、金大中（キムデジュン）政権下で韓日文化交流政策諮問委員会の委員長を務めた。韓国における日本の大衆文化開放のために尽力され、日本に韓流の先鞭をつけられた。

池先生は晩年、二〇一二年以降、ご夫妻で頻繁に来日された。東京での拠点として、富坂キリスト教センター一階のゲストルームに滞在された（二〇一四年四月～六月、二〇一五年四月～八月、二〇一六年九月～二〇一七年～三月末、合計十五ヶ月）。富坂での滞在中、池先生は富坂での講演会に加えて、日本各地を訪問して市民団体や大学で講演をされた。また出版のための研究、執筆等、勢力的に活動された。富坂を会場にした講演会のテーマを列挙すると、「東アジア史と日韓関係」（二〇一二年五月四日）、「北東アジアの状況について語る」（二〇一五年四月十七日）、「ヨーロッパ共同体以降の北東アジアの状況をめぐって」（二〇一六年十月二十一日）、「韓国の政治変動と日韓関係―東北アジアはどうなるのか」（二〇一七年一月九日）、「世界史とキリスト教について思う」（二〇一七年三月二十日）であった。また、富坂滞在中に、著書『「韓国からの通信」の時代―韓国・危機の一五年を日韓のジャーナリズムはいかにたたかったか―』（影書房、二〇一七年）、『韓国史からみた日本史―北東アジア市民の連帯のために―』（かんよう出版、二〇一七年）などを上梓された。富坂キリスト教センターでは二〇一二年以降、池先生の来日を契機に、北東アジアの平和についての議論が活発に行われた。北東アジアの平和は池先生のライフワークであった。池先生の平和への情熱とインスピレーションが本研究会を誕生させる原動力となった。

本書の刊行にあたっては、実に多くの方々のご協力とご支援をいただいた。出版の企画を全体的に支援していただいた燦葉出版社の白井隆之社長には、編集・製作作業をしていただいた。その多大なご尽力に心より感謝したい。また本書に掲載できなかったが、特別研究会では、沖縄の諸問題に取り組むZ世代との対話を実施した。（二〇二一年六月二十六日）西尾慧吾さん（エール大学、遺骨で基地を作るな「緊急アクション！」呼びかけ人）、石川勇人さん（沖縄国際大学院、地域文化研究科）、仲本和さん（沖縄国際大学・総合文化部・社会文化学科）等に実践報告をしていただいた。また、研究会でゲストスピーカー及び研究員として、以下の方々に各テーマで示唆に富む研究発表をいただいた。心より感謝をしたい。金炳魯（キム・ビョンロ）さん（ソウル大学 統一平和研究院教員）、「北朝鮮のキリスト教の現況とその見通し」（二〇一九年二月十八日）、岡野八代さん（同志社大学大学院教授）、「ケア理論の現在」（二〇二一年二月二十二日）、岡本厚さん（岩波書店前代表取締役社長）、「東アジアの激動――どう見るか・どう平和をつくるか」（二〇二一年四月十九日）。なお、それぞれの発表内容は富坂キリスト教センターの「紀要」第十二号（二〇二二年三月）に掲載されている。

最後に、研究会発足時に富坂キリスト教センター運営委員長をされていた故秋山眞兄さん（二〇二〇年八月逝去）。三年間にわたり研究会活動を側面から強力にお支えいただいた富坂キリスト教センター総主事の岡田仁さん。お二人には、数々のご協力とご教示をいただいた。心からお礼を申し上げ、感謝の意を表したい。

山本俊正（北東アジアの平和思想史研究会座長）

目次

まえがき……山本俊正 2
第一部 北東アジアにおける平和思想の課題とチャレンジ…… 9
第一章 平和の思想と戦略としての地域形成……李鍾元 11
第二章 中国から見た平和の課題と展望……謝志海 48
第三章 韓国の平和論と南・北コリア平和構築の歴史……李贊洙 76
第二部 平和思想と市民社会…… 113
第四章 パブリック・ディプロマシーは北東アジアに平和をもたらし得るのか?……金敬默 115
第五章 北東アジアの和解と平和構築を目指す平和教育実践ネットワーク
——謝罪と赦しをめぐって……松井ケテイ 150

第六章　権力に抗する─主体的な「連帯」に向けた出会い直し……大城尚子 175

第三部　平和思想と宗教の課題……215

第七章　キリスト教の「神の国」と平和思想……神山美奈子 217

第八章　台湾の民主化運動における台湾基督長老教会の役割……黄哲彦 259

第九章　近代日本のアジア認識と宗教ナショナリズムから見た平和思想の課題…山本俊正 283

あとがき……金敬黙 316

第一部

北東アジアにおける平和思想の課題とチャレンジ

第一章　平和の思想と戦略としての地域形成
──「東アジア共同体」への課題*

李鍾元

はじめに

二次にわたる世界大戦を経験したヨーロッパでは、国家間の戦争を回避し、平和を追求する道として、「共同体」のビジョンを掲げ、「ヨーロッパ統合」を進めてきた。イギリスがヨーロッパ連合（European Union = EU）から離脱するなど、そのプロセスは平坦ではない。しかし、様々な問題を抱えながらも、少なくともヨーロッパ内部の国々の間で戦争が起きる可能性は事実上なくなっていると言ってよいだろう。

東アジアに目を転ずると、米中間の「新冷戦」が喧伝され、台湾海峡をめぐる武力衝突

* 本章は、『富坂キリスト教センター紀要』第十一号（二〇二一年三月）に掲載された同タイトルの拙稿に若干の修正を加えたものである。

が現実の問題として危惧される状況がある。一九九〇年代末から二〇〇〇年代初めにかけて、大きく進展するようにみえた「東アジア共同体」の構想は、今やあまり聞かれなくなっている。「東アジア共同体」というビジョンは依然として平和の思想と戦略として意味があるのだろうか。本章では、そもそも地域（region）とは如何なるものであり、地域について考えることが歴史的にはどのような意味を持つのかについて、近年の政治学や国際関係論における議論を中心に、基本的な概念の整理を試みる。それを踏まえて、古くは「東洋」に始まり、「東亜」を経て、「東アジア」、「アジア太平洋」、さらに最近の「インド太平洋」にいたるまで、日本が帰属する地域枠組みがどのように変容し、その背景にはどのような力学が働いているのかについて概観することで、この地域における平和の現状と課題について考えることにしたい。表題にある「地域形成」（region-building）とは一般的に定着した用語ではないが、近代の要諦である「国民（国家）建設」（nation-building もしくは nation-state building）との対比で、一方では近代主権国家体系の限界がいわれ、他方でグローバル化が喧伝される現状において、歴史の次なるステージを含意（がんい）する言葉として用いる。

「地域は創られるもの」――「アジア太平洋」の事例

まず、地域とは、その地理的な条件によって、アプリオリに決定されるのではなく、様々な要因によって、歴史的かつ政治的に「創られる」ものであるという点に留意する必要がある。もちろん国々の集まりとしての地域は、地理的な近接さに大きく規定される。しかし、その範囲や境界は必ずしも客観的に自明ではなく、また常に変化する。和田春樹が的確に表現しているように、「地域を考えるということは、無限のつながりがある地球空間の中からある部分を一つの意味ある連関したものとして、主体の側で、積極的に切り取っていく行為」（和田 二〇〇三・四三）である。つまり、地域とは、自然に存在するものではなく、様々な「主体」によって、何らかの目的や意図を伴って、「創られるもの」ということになる。

歴史学者ダーリック（Arrif Dirlik）も、「アジア太平洋」（Asia-Pacific）や「環太平洋」（Pacific Rim、Pacific Basin）などの概念の台頭を分析した論考で、「(これらの地域概念は)〈客観的所与〉(objective given) ではなく、歴史的に形成された関係性の利害 (interest)、パワー、ビジョンの要請 (imperatives) を特定の場所に投影した概念的構築物 (ideational constructs) の互いに競合する集合にすぎない」(Dirlik 一九九八・一五－

一六）と喝破した。流行りのコンストラクティビズムに即した表現だが、地域の概念が様々な要因によって「構築される」（創られる）ものであり、異なる地域概念が互いに「競合」するという視点は、地域形成の政治的ダイナミックスを理解する上で有用な手がかりを与えてくれる。とりわけ、地域形成の要因について、和田が「主体」の「思想やビジョン」（和田 二〇〇三・四三）を強調したのに対して、ダーリックは、より包括的に「利害、パワー、ビジョン」の三つを提示している。「国家・市場・市民社会」という本稿の分析枠組みにも相応するものだが、これについては後述する。

政治や戦略の思惑によって創られた地域概念の典型的な例としては、「北大西洋」をあげることができよう。もちろん「地中海」に見られるように、海も一つの地域を構成する。古代以来、海上の交通が交流の主な手段であり、海は人々を結ぶ重要な役割を果たした。「大西洋」の場合も、旧大陸のヨーロッパと新大陸アメリカをつなぐある種の地域概念としては存在した。しかし、その北側を指す「北大西洋」の語は一般的に用いられたものではなく、第二次世界大戦の終了後、米ソ冷戦が発生する中で、いわゆる自由陣営に属する米国と西欧諸国を結びつけ、一体感を与える地域概念として戦略的に誕生し、北大西洋条約機構（NATO）の名称になった。「北大西洋」という地域名称はNATO以外にはほとんど使われていない。

ダーリックらが指摘するように、「アジア太平洋」（Asia-Pacific）という地域概念の誕生と展開もきわめて政治的かつ戦略的なものであった。英国の日本研究者フックは、「アジア太平洋」とは「地理的というより政治的な概念」であると表現した（Hook 一九八八・三三五）。日本語の「アジア太平洋」も、英語の「Asia-Pacific」も一九八〇年代以後に登場した新造語である。それ以前は、二つの地域は別々のものであり、もし両者を結びつける場合は、「アジアと太平洋」（Asia and the Pacific）という言い方がされた。日本語では「アジア・太平洋」という表記になる。そこから「・」が取れて「アジア太平洋」になり、二つの地域の一体性がより強調される形になったのである。

「アジア・太平洋」という地域概念が公式化されたのは、韓国の朴正熙大統領の提唱で一九六六年にソウルで創設された「アジア・太平洋閣僚会議」（Asia and Pacific Council = ASPAC）が契機であった。佐藤内閣の外相に就任した三木武夫が「アジア・太平洋構想」（一九六七年）を提唱したのも、こうした状況の産物であった。韓国・朴正熙政権がベトナム戦争の激化を背景に、同地域への米国の関与を強固にする目的で、反共諸国の政治・安全保障協力の枠組みとしてASPACを進めたのに対して、日本は地域の社会・経済協力を強調し、三木構想も、同年の東南アジア諸国連合（ASEAN）の結成と同じく、「ポスト・ベトナムを展望する外交的文脈から醸成されたもの」（河野 一九九七・一二七－一二八）であった。ベトナム戦争以後に予想された米国の関与縮小に対応し、アジア地域と米国との結びつきを安定化させようとしたのである。この頃から日本のメディアに「アジア太平洋」という言葉が散見されるようになるが、三木構想をはじめ、公式には「アジア・太平洋」と表記された。

これと並行して、日本では、主として財界や学界を中心に、「太平洋協力」という概念が浮上した。アジアと米国の関係強化という方向性は同じであるが、貿易など経済面での一体化に主眼があった。一九六〇年代後半、日本、米国、豪州の経済人が進めた「太平洋経済委員会」（Pacific Basin Economic Council = PBEC、一九六七年設立）、学者が中心となった「太平洋貿易開発会議」（Pacific Trade and Development Conference = PAFTAD、一九六八年設立）などを土台に、大平正芳首相は一九七九年に「環太平洋連帯構想」を打ち出した。その具体的なステップの一つとして、一九八〇年に産官学の国際組織「太平洋経済協力会議」（Pacific Economic Cooperation Council = PECC）が設立され、一九八九年、豪州のホーク首相の提唱による政府間国際機構「アジア太平洋経済協力会議」（Asia Pacific Economic Cooperation = APEC）の創設に至る。

このように、一九七〇年代以後、アジアと米国の結びつきを強調する政策的な用語として、「アジア・太平洋」や「太平洋」といった地域概念が登場したが、徐々に「アジア太平洋」に収斂していった。米国や豪州など英語圏で「ハイフン付き」（日本語では「・なし」）の「アジア太平洋」（Asia-Pacific）の語がいつから公式に使われたかは定かではない。間接的な資料として、日本の国立国会図書館の所蔵資料データベース（NDL Online）で検索すると、「Asia-Pacific」という表記を用いた資料としては、一九七五年に米軍の太平洋司令部が創刊した雑誌『Asia-Pacific Defense Forum』が最初の例のようである。[1] それ以前は、「Asia and the Pacific」という題名の資料がいくつか見られるが、それらは国連のアジア太平洋経済社会委員会（UN Economic and Social Commission for Asia and the Pacific ＝ ESCAP）[2] の名称に由来するものが多い。ちなみに、ESCAPの「域内加盟国」は地理的にアジアと太平洋諸島に属する国々であり、アジアと米国を結びつけるという含意はない。米軍によって初めて公式に使われた「ハイフン付き」の「アジア太平洋」（Asia-Pacific）は、一九八〇年代以後、他の分野にも波及し、英語の単語として定着するようになった。政策用語として創られ、ある種のディスクール（言説）の機能を有する地域名が日常用語として普及した事例といえよう。

地域を創るのは誰か――「国家・市場・市民社会」のトライアングル

それでは、地域を創る「主体」は誰なのか。本稿では、地域形成を進める主体として、

「国家・市場・市民社会」の複合体を提示したい。「国家・市場・市民社会」のトライアングルという視点は、近代に関するギデンズ（Anthony Giddens）の議論を土台に、篠原一が定式化した図式を参考にしたものである。「国家・市場・市民社会」の三者構成は、ダーリックが地域形成の動因として指摘した「パワー・利害・ビジョン」とも対応する形になっており、地域が創られるプロセスの分析に有用である。

篠原は、市民による参加民主主義の一形態としての討議民主主義を論じた著作で、ギデンズの「モダニティの制度」をもとに、「資本主義、産業主義、近代国家、個人主義、科学主義」を「近代社会の五つの柱」とする分析枠組みを提示した（篠原 二〇〇四・一二一二四）。ギデンズ（一九九三）は、「モダニティの制度特性」として、「資本主義、工業主義、監視、軍事力」の四つをあげたが、篠原はこれを「経済構造への単純な還元論」の側面があると批判し、「近代を複数の要素の結合体と考え、その要素として資本主義―産業主義というわば経済軸と、近代国家―個人主義という社会軸を組み合わせ、その各要素に共通するエートスとして、科学主義を設定」したのである（篠原 二〇〇四・一二一―一三）。ギデンズが示した近代の四つの制度特性のうち、「資本主義」と「工業主義」は経済領域であるが、「監視」（「情報の管理と社会的取り締まり」）と「軍事力」（「暴力手段の管理」）は政治領域に属するものであり、「経済構造への単純な還元論」という批判にはやや無理がある。しかし、ギデンズが「監視」や「軍事力」など政治領域の制度についても、主として経済との関連で記述しており、篠原が「近代国家—個人主義」という「社会軸」を設定し、しかもそれを「政治軸」と呼ばなかったことで、参加民主主義の歴史的意義との関連で、近代の持つ特徴をより立体的に示しているといえよう。

篠原はこうした図式を「第一の近代」、すなわち初期近代の特徴を説明する枠組みとして提示した。それが大きく変容し、様々な争点が浮上している現代の状況（いわゆる「第二の近代」）において、参加民主主義（討議民主主義）のあり方を分析する際には、新しい市民社会論でいう「三領域論[3]」、すなわち「国家（政治システム）・経済社会（経済システム）・市民社会」を採用している（篠原 二〇〇四・九六–九九）。三つの領域を表す用語について、論者によって若干の違いがあるが、本稿では、「国家（state）・市場（market）・市民社会（civil society）」に整理して用いることにしたい。

この三つの領域は、前近代と区別され、近代を特徴づける諸要素であり、近代の諸相ともいえる。ギデンズのいう四つの制度特性のうち、「監視」と「軍事力」は「国家」の領域であり、「資本主義」と「工業主義」は経済活動の場としての「市場」に関わるものである。たしかに、ギデンズの区分には「市民社会」の領域が欠如しているが、篠原の「近代社会の五つの柱」のうち、「個人主義」を社会的に拡張すると、「市民社会」の領域になるとみることができる。ギデンズと篠原は、技術や環境など現代的な課題の分析に重点をおいたため、「工業主義（産業主義）」や「監視」、「科学主義」などの柱を設定しているが、その部分を捨象すれば、「政治・経済・社会」の三つの領域に対応するものとして、「国家・市場・市民社会」のトライアングルを近代社会の柱として定式化することができよう。

近代とは、政治、経済、社会など人間活動の様々な領域がそれぞれ分離、自立し、相互に牽制（けんせい）と均衡の関係が成り立つようになった時代ということができる。前近代の社会では、やや単純化していえば、政治（君主の統治）が経済活動や社会を全般的に支配し、市場での取引も個人の生活も政治権力の恣意的な行使に大きく影響される状況にあった。近代の成立とは、政治（統治）から経済活動（市場）が相対的に自立し、個人の生活の総体としての社会が政治権力の支配から一定の自由を獲得する状態への歴史的な転換であった。政治の恣意的な介入から自立した市場で、経済活動が効率的に行われることで、生産力が飛躍的に増大し、近代は豊かな社会を築くことができた。また、社会的には、個人の自由や基本的権利の確立が近代の特徴であり、土台となるのである。その意味で、私たちが生きる近代社会とは、「国家・市場・市民社会の複合体」ととらえることができよう。漢字表現が同じでやや混乱するが、現在の国際社会では「国家」（nation）が政治的な単位となっており、その近代的な「国家」（人々の政治的共同体）を、「国家」（state）、「市場」、「市民社会」という三つの柱が支えつつ、相互に補完と牽制の機能を果たしている構図である。結論を先取りしていえば、これら三つの柱（構成部分）は、例えば地域主義といった対外関係の領域においても、それぞれが「主体」として、独自の役割を担っているのが現代世界の特徴である。

このトライアングルの用語法について、もう少し付言しておこう。まず、近代社会の第一の柱としての「国家」（state）とは、政治システムの総体であり、ヴェーバー（Max Weber）が概念化した官僚制を含め、合理的な統治の仕組みを指す。君主の恣意的な支配の手段であった前近代の国家とは違って、「法の支配」の原理に基づく客観的な統治の制度化が近代国家のメルクマールになる。秩序や規則性、標準化と同質化など、私たちが「近代」という言葉で連想する社会のイメージは「国家」の営みを表している。

第二の柱の「市場」とは、経済システムの総称であり、生産と交換など経済活動が行われる領域を意味する。多くの経済史家が指摘するように、人類の歴史の大部分において、市場（経済活動）は政治権力に従属し、依存することが常態であった。しかし、十六〜十七世紀以後、資本主義が発達するにつれ、経済活動の主体であるブルジョア階級が台頭し、政治権力から一定の自立を獲得するに至った。企業や生産者など経済主体の活動が政治に干渉されず、経済の法則に沿って効率的に行われるかが近代社会のもう一つの指標になるのである。

第三の「市民社会」とは、用語としては古いが、「国家」や「市場」との関連で定義されるようになったのは比較的最近のことである。多様な意味で使われるが、ここでは、代表的な定義として、ハーバーマスの説明に従うことにしよう。「新しい市民社会論」をリードする論者でもあるハーバーマス（Jürgen Habermas）は、「〈市民社会〉の制度的な核心をなすのは、自由な意思に基づく非国家的・非経済的な結合関係である」とし、その具体的な例として、「教会、文化的なサークル、学術団体をはじめとして、独立したメディア、スポーツ団体、レクリエーション団体、弁論クラブ、市民フォーラム、市民運動があり、さらに同業組合、政党、労働組合、オルターナティブな施設」などをあげている。様々なレベルの組織が羅列されているが、その核心は「意思形成をおこなう結社（association）」である。なぜなら、「結社」は「あらかた国家にとりこまれてしまった政党とはちがって行政システムには所属しない」が、「ジャーナリズムの影響力をつうじて政治的効果をもたら」したり、「公共的コミュニケーションに直接参加」したりすることで、「公共的な討論に寄与する」存在だからである（ハーバーマス 一九九四・xxxviii～xxxix）。政党や労働組合を「非国家的・非経済的」な組織といえるのか、ハーバーマス自身の説明にも若干の矛盾がみられるが、要するに、「国家」や「市場」とは一定の距離を保ちつつ、公共的な役割を担う「(個人の) 自由な意思に基づく結社」が「市民社会」の中核をなすのである。個人の自由や基本的人権など、私たちが「近代」で連想する価値や理念を体現しているのがこの「市民社会」といえよう。

客観的な政治システムとしての国家、効率的な経済活動が営まれる市場、個人の自由に基づく市民社会という三つの柱がバランス良く支えあうことで、近代社会は成り立つ。この三者は相互に補完し、また牽制する関係にある。たとえば、法の支配に基づく国家の安定的な統治がなければ、効率的な市場の活動も、個人の基本的権利も保障されない。また、経済の繁栄（市場）と個人の自由（市民社会）が客観的な統治（国家）を可能にする土台でもある。その反面、どちらか一方が「暴走」した場合、他の部分がそれに抵抗し、バランスを取り戻そうとする力学が働く。国家の権限が強くなり、市場や市民社会に介入しすぎると、経済は委縮し、市民の抵抗に直面することになる。また、市場の暴走による社会の分裂を防ぐべく、国家が介入を行う構造は、一九三〇年代の状況を事例に、K・ポラニー（Karl Polanyi）が『大転換』（一九四四）で見事に描いたとおりである。彼は、ファシズム、社会主義計画経済、ニューディールなど、一九三〇年代における一連の国家主義の台頭を、「市場の専制」に対する「社会の自己防衛」として説明した（ポラニー 二〇〇九・二三七）。ポラニーは、十九世紀末以降の近代社会のダイナミズムを「市場の拡大」

と「社会の自己防衛」がぶつかり合う「二重の運動」(double movement)として分析したが、この構図はグローバル化と新自由主義をめぐる近年の状況にも当てはまる。ただ、ポラニーをはじめ、政治経済学では基本的に国家(政府)と市場という二元論の構造で捉える傾向があるが[4]、市民社会という柱を設定することで、「市場の専制」に対する監視や統制は国家だけでなく、市民社会が共に担うべき役割とする視点が可能になる。

「国家・市場・市民社会」のトライアングルは基本的に近代社会のあり方を説明する枠組みであるが、二十世紀後半以降、国際関係においても実際的な意味を持つようになった。一九七〇年代の相互依存論の登場が示すように、対外関係を国家(政府)が独占する時代は終わりをつげ、市場(企業、財界)や市民社会(NGOなど)が独自の外交を展開する状況を迎えたのである。いまや国際関係の主体(単位)を国家(政府)に限定することは実態に合わなくなっており、「国家・市場・市民社会の複合体」としてとらえるべきという認識が一般化している。

実際の地域形成の経緯をみても、その主体として、国家、市場、市民社会を想定する枠組みは一定の妥当性を有する。まず、対外政策の一義的な主体が国家(政府)であることはいうまでもない。国家が地域形成を追求する場合、その動機や目的は大きく二つに分けることができよう。第一に、国家のパワーの拡大である。人類の歴史を通じて、国家が自らの領土や勢力圏を拡大し、帝国の建設をめざした事例は枚挙にいとまがない。ヨーロッパの例をあげるまでもなく、現在私たちが認識する地域の多くは、かつての帝国の版図と重なり、その支配の結果が土台をなしている。現代においては、直接支配の帝国建設はほぼ不可能になっているが、政治的な影響力や経済圏の確保は依然として国家が特定の地域形成を進める主要な動機になる。

しかし、二十世紀に入り、国家が地域形成をめざすもう一つのパターンが登場した。つまり、国家間の戦争を防ぐ、平和のシステムとしての地域統合である。第二次世界大戦以後のヨーロッパ統合の進展が示すように、これは領土拡大や帝国建設の試みが戦争に帰結し、国家そのものの存続を脅かした歴史的経験への反省から生まれた認識であり、政策志向である。戦後のヨーロッパ統合を突き進めた原動力は、二度の大戦の惨禍を踏まえた「不戦共同体」へのビジョンであった。ヨーロッパの経験が歴史的な先例と想像力の源となり、アジアや中南米、アフリカなどでも、国家間の対立を抑制する枠組みとしての地域形成が具体的な政策アジェンダとして登場するようになった。その根底には、伝統的な「大国外交」への批判があり、ASEAN 諸国のように、「非大国外交」をめざす「ミドルパワー」が地域形成を主導する現象が新たに台頭している。

第二に、市場、すなわち経済的な利益が地域形成を進める大きな要因であることは、今日私たちが各地で目睹するところである。世界的に広がる経済圏の形成が市場拡大による経済的利益を目的としていることは言うまでもない。「不戦共同体」を掲げた戦後のヨーロッパ統合においても、国境によって寸断された狭隘な市場の統合が戦後復興に不可欠という認識が大きな推進力となった。市場統合がヨーロッパ統合の土台であり本質であったといってもよいだろう。

　第三の市民社会という主体に注目することは、以上のような国家や市場による地域形成の問題点を問うことになる。つまり、国家のパワー拡大や市場の利益追求のための地域形成に対して、共存と共生など、社会の価値を守るという意味である。戦後ヨーロッパでは、経済統合の進展と並行して、労働や雇用、福祉、環境など基本的権利と価値を保障する社会的規制を通じて、いわゆる「ソーシャル・ヨーロッパ」の構築をも追求した(5)。資本や企業が各国の規制の落差を利用して労働や環境を搾取することを防ぐため、地域全体で守るべき基準を統一し、経済成長と社会発展のバランスを取ろうとする試みである。一九五七年に欧州経済共同体が創設されると、早速一九六一年には社会権の保障を規定した欧州社会憲章を制定し、一九八六年の単一欧州議定書による域内の単一市場化が進むと、一九八九年に労働者の社会的基本権に関する共同体憲章を制定した。ヘトネ（Björn Hettne）ら北欧の地域統合研究者が「新しい地域主義」で唱えるように、地域形成には「グローバル化へのオルターナティブ」という意味がある。巨視的には、「ナショナリズム」と「グローバリズム」の中間項としての「リージョナリズム」という位置づけになる。近代主権国家体系の歴史的限界を乗り越えつつも、一足飛びにグローバル化の「フラットな世界」（T・フリードマン）に移行するのではなく、類似した価値や文化を共有する近隣諸国のコミュニティとして「地域」を創るという志向性である。H・ウォレス（Helen Wallace）の言葉を借りるならば、「ヨーロッパ化」には「グローバル化のフィルター」としての役割が期待されているのである（李 二〇一九・二八三）。このような「オルターナティブ地域主義」を担う主体が市民社会ということになる（大賀 二〇一三・九六－一〇五）。東アジアでは、ASEAN 共同体の創設過程で、ASEAN 各国の人権運動団体が協力し、ASEAN 人権委員会を創設したことなどを、地域形成に対する市民社会の貢献を示す事例としてあげることができよう(5)。

地域形成の主体として国家、市場、市民社会の三者を考えることは、地域形成の意味、すなわち、なぜ、何のために、どのような地域を創るのかという問いにつながる。

地域名称の歴史と政治――「東洋」「東亜」「極東」から「東アジア」へ

以上の考察を踏まえて、日本や韓国、中国・台湾などが属する地域の現状について考えてみよう。本書のタイトルには「北東アジア」という地域名が入っており、本稿を含め、議論のなかでは「東アジア」などの地域概念も登場する。私たちが属する地域をどのように呼ぶのか、また、どのような地域枠組みを用いるかは、どのような視点から地域の現状と課題を考えるかという問題と密接に関連している。地域が様々思惑から創られるのと同じように、地域の範囲や名称も絶えず変化し、その背景には政治や戦略が複雑に絡みあっている。

日本と朝鮮半島などが属するこの地域は、近代以前は、中華秩序の一部もしくは外縁として認識されていたが、十八世紀以後、「西洋」、すなわちヨーロッパ列強の進出が顕著になるにつれ、「東洋」という観念が現れるようになった（和田 二〇〇三・四五）。正確には、日本人による「東洋」の発見であり、再解釈というべきであろう。「東洋」はそもそも中国語の語彙であり、元来は中国の東にある海域、すなわち日本を指す言葉であった。ヨーロッパを指して「西洋」と名づけたのは新井白石であったが、その中国語の原義は、「中国から見て南洋の西側の大海」を指すものであった（山室 二〇〇一・三六）。中国でもその後、西洋の語は広く欧米を指称するようになるが、幕末の日本で、西洋と接触する中で、自らが属する地域として、「東洋」の一員という意識が生まれたのである（子安 二〇〇三・一三〇－一三二）。そのことは、従来の「中華秩序」を相対化し、日本が主体となる地域概念を創ったという意味にもなる。ヨーロッパが名づけた「アジア」は「亜細亜」と表記され、より広い地域を包括する名称としてすでにあった。それに対して、幕末日本で再解釈された「東洋」とは、「日本を主として中国、朝鮮などを含む東アジア地域」（山室 二〇〇一・三六）に限られていた。「中華」の中国が「日本を主」とする「東洋」の一員にされたことが重要である。その後、中国や朝鮮でも「東洋」が欧米に対する共通の地域概念として普及するが、歴史的には「中華秩序」の変容を表すという意義が認められよう。

以後、「東洋」の範囲はインドにまで拡大し、「アジア」とほぼ同義語になる。そして、十九世紀末には、広大なアジア地域のうち、日本が新たな中心となって創るべき地域として「東亜」という概念が誕生する（和田 二〇〇三・四九）。一九三〇年代に入り、「東亜」の語は文化史や文明論の著作などで急速に普及するが、これは帝国日本の中国大陸への勢力拡大と軌を一にするものであった。子安宣邦によると、「東亜文明」とは、「中国を中心とした文明圏に包括されている地域において、中国以外の国・地域から中国文明への新たな学術的視点によって立ち上げられる概念」であり、「中国文明」の「代替的な呼称」として、中国に代わり、「アジアにおける新たな中心として自己形成しつつある帝国日本の政治的な自己表象」の機能を果たしたのである（子安 二〇〇三・八九〜九〇）。和田春樹は、「東亜」について、日本が「自分が影響下におくべき地域として切り取ろう」とした地域と表現した（和田 二〇〇三・四九）。当初、「東亜」の地理的範囲は、「日満支」や「日満華」、すなわち「日本（本土、朝鮮）、満州、支那（中国）」を含むものとされた。

日本が戦争を拡大するにつれ、「東亜」は「大東亜」となった。一九四一年十二月、真珠湾攻撃による日米開戦直後、日本はこの戦争を「大東亜戦争」と呼ぶことを決定した。「大東亜」は、「日本、満州、中国、インドシナ、シンガポール、フィリピン、蘭領東インド、ビルマを含む」とされた。日本軍が侵攻し、占領した地域であった（同上・五七）。一九四三年十一月の「大東亜会議」になると、その範囲はインドにまで拡大する。一九四一年十二月の「大東亜戦争」の宣言と同時に、帝国日本は「極東」という言葉の使用を禁じた。「英国中心」の「国辱的語辞」であり、「大東亜新秩序」建設の大義に反するという理由からであった。この措置を発表した内閣情報局の談話では、公式の場合はもちろん、民間の「新聞、雑誌、宣言、決議又は一般の会話にも使用せざること」とされた（同上・五八－五九）。地域の呼称がいかに政治的かつ戦略的に創られるかを如実に示す事例といえよう。

英語の表現としては、「極東」（Far East）が長らく使われていた。いうまでもなく、英国などヨーロッパから見てもっとも遠い東の地域という意味で、主として中国、朝鮮半島、日本を指した。しかし、第二次世界大戦後、この地域における英国などヨーロッパ勢力が退潮し、米国が新たな覇権国として登場するにつれ、「東アジア」(East Asia) という言葉が一般化した。例えば、米国務省の中で、中国や日本を含む地域を管轄する部署として、一九〇八年に「極東部」(Division of Far Eastern Affairs) が創設され、一九四九年には「極東局」(Bureau of Far Eastern Affairs) に職制変更された。それが、一九六六年には「東アジア・太平洋局」(Bureau of East Asian and Pacific Affairs) に改称され、現在に至っている。戦後になって「極東」の名称が公式に消滅したのである。

一方、戦後の日本でも「極東」の語は徐々に使われなくなり、「東亜」の呼称もある種のタブーとして忌避され、「東アジア」や「北東アジア」が公式かつ一般の用語として定着した。一九五一年、外務省に地域局の一つとして「アジア局」が設置され、一九五八年に地域名を冠した四課体制に改称された際に、「中国課」「北東アジア課」「南東アジア課」「南西アジア課」と命名された(7)。「北東アジア」や「南東アジア」は日本語の一般的な方角の表現としては不自然で、明らかに英語名称「Northeast Asia」と「Southeast Asia」の直訳であった。やや誇張していえば、私たちが「北東アジア」という言葉を用いることは、米国の覇権秩序の産物でもある。ちなみに、韓国・北朝鮮と中国では「東北アジア」(「東北亜」) という用語法が一般的である(8)。

一九九〇年代に入ってから、「東アジア」という地域概念が新たな文脈で登場し、現在の「東アジア論」につながっている。その背景には、一九七〇年代に起きた地域情勢と経済の面での変化があった。一九七二年の米中和解と日中国交正常化は、東アジア冷戦の事実上の終焉を告げる出来事であった。朝鮮半島におけるデタントの試みは挫折したが、フィリピンをはじめ東南アジア諸国は中国と関係を改善し、東アジア地域に持ち込まれた冷戦対立は収束に向かった。ベトナム戦争の終結など、地域情勢の安定化は、毛沢東死後の中国が「四人組」の強硬路線ではなく、鄧小平主導の改革開放路線を選択する上でも有利な環境を提供した。冷戦対立による地域の分断が解消され、「東アジア」が一つの地域としてつながったのである。

こうして広く開かれた地域を舞台に、韓国、台湾、香港、シンガポールなどが驚異的な経済成長を遂げ、「東アジアの奇跡」（世界銀行の一九九三年の報告書）と称された。日本が世界第二の経済大国に躍り出たのも、東アジア地域の躍進と密接に結びついていた。この頃から、日本でも「東アジア」が積極的な意味合いを持つ言葉として語られるようになった。英語に訳すると同じく「East Asia」になり、地理的にほぼ重なる地域であるにもかかわらず、「東亜」とは区別される地域概念として、装いも新たに登場したのである。その背景には、域内諸国の経済発展と政治的民主化の進展で、戦前とは違って、東アジアに水平的な地域関係の土台が築かれたという状況の変化があった。事実、一九九〇年代以後、「東アジア論」がもっとも積極的に提起され、強い関心が寄せられたのは、韓国やASEAN諸国などにおいてであった。かつての大国主導の垂直的秩序とは異なる地域形成の動きが浮上したのである。パーマー（Norman D. Palmer）が指摘するように、東アジアにおける地域システムの歴史は、かつての中華秩序、西欧列強の植民地支配、日本の大東亜共栄圏など帝国の支配を伴う垂直的な構造であり、「押し付けられた地域主義」（imposed regionalism）の連続であった（Palmer 一九九一・四五－四六）。その意味で、一九六〇〜七〇年代から胎動し、九〇年代以後に本格化する東アジアの地域協力枠組みの形成は「新しい地域主義」というべきものであった。

競合する地域――「東アジア」、「アジア太平洋」、「インド太平洋」

「東アジア」が一つの地域として国際政治の舞台に登場したのは、一九九〇年、マレーシアのマハティール首相による東アジア経済グループ（East Asian Economic Group＝EAEG）の提案が嚆矢（こうし）である。米ソ冷戦終結後、ヨーロッパ統合や北米自由貿易協定（NAFTA）の進展に対抗して、成長著しい東アジア諸国の地域協力を促進しようとする構想であった。一九八〇年代の「東アジアの奇跡」が土台になったことはいうまでもない。

対象としては、ASEAN六か国（当時）にインドシナ諸国と日中韓を想定し、東アジアの範囲としてASEAN＋三（日中韓）の原型を示した(9)。

一九九一年には名称を東アジア経済協議会（East Asian Economic Caucus = EAEC）に変更し、より緩やかな形が提示されたが、自らが排除された経済ブロック化を警戒した米国は敏感に反応した。当時のジョージ・H・W・ブッシュ政権は、同構想実現のカギとなる日本と韓国の参加を阻止すべく、凄まじい外交的圧力を加えた。ベーカー（James A. Baker III）国務長官は自ら東京とソウルに乗り込み、日本の渡辺美智雄外相には、「EAECは太平洋に線を引き、日米を分断する構想だ。絶対に認められない」と「強い口調でクギを刺し」、韓国の李相玉外相には、「四十年前に韓国のために血を流したのはマレーシア人ではなくアメリカ人だった」と「念を押し」、マハティール構想を支持しないよう迫った（李 二〇一五・二〇〇一二〇〇一）。結局、日本と韓国は不参加を決め、東アジアの地域枠組みをめざした初の試みは挫折に終わった。

「東アジア」の独自の地域形成に危惧を抱いた米国は「アジア太平洋」の強化に乗り出した。一九九三年、クリントン政権はAPECを閣僚から首脳レベルに格上げし、初の首脳会議をシアトルで開催した。議題も経済だけでなく、政治・安全保障に拡大された。米国を含むかどうかをめぐって、「東アジア」と「アジア太平洋」が競合する構図は、姿を変えながら、現在まで続いている。

しかし、その後、APEC が東アジア諸国のニーズに十分に応えられず、とりわけ、一九九七年のアジア通貨危機に対して、米国と APEC が何ら有効な対応をしなかったことで、「東アジア」の地域形成が一気に進むことになった。

「地域統合は危機の産物」とよく言われるが、「東アジア共同体」構想が浮上したのも、東アジア各国を襲った通貨危機がきっかけであった。その構想に至る過程で、ASEAN 諸国や韓国などいわゆる「ミドルパワー」が中心的な役割を果たしたことは注目に値する。

米国の反対でマハティール構想が挫折した後も、ASEAN 諸国は巧みな外交を続けた。ASEAN は自らの会合に合わせて、日本や中国、韓国を招く招請外交を展開し、それが地域形成の土台となった。一九九七年、ASEAN は創設三十周年記念会議に日中韓の首脳を招請し、ASEAN＋三首脳会議が開かれた。セレモニーとして企画された行事であったが、その直前に発生したアジア金融危機と重なり、東アジア地域の危機対応を協議する場と化した。通貨危機が続くなか、翌一九九八年にも ASEAN に日中韓を交えた首脳会議が開催され、以後、ASEAN＋三（ASEAN Plus Three ＝ APT）会議として定例化した。首脳会議のほかに、外相、財務相会議など閣僚や事務レベルの会合が設けられ、現在に至っている。

APTは経済危機など当面の課題に対処するとともに、中長期的なビジョンの策定と地域協力の制度化を進めた。その目標として定められたのが「東アジア共同体」であった。日本では「東アジア共同体」というと、二〇〇九年に成立した民主党の鳩山由紀夫首相が政権の公約に掲げたことが知られ、あるいは学者らが提唱する理想論というイメージが強いのかも知れない。しかし、国際政治的には、ASEAN＋三が公式に合意した将来目標という位置づけになる。一九九八年のAPT首脳会議で、韓国の金大中大統領の提案で、域内協力の長期政策を協議する有識者会議として東アジアビジョングループ（EAVG）が設置された。二年間の議論を経て、EAVGは二〇〇一年のAPT首脳会議に報告書を提出したが、そのタイトルが「東アジア共同体に向けて」（Towards an East Asian Community）であった。「東アジア共同体」という言葉が明記された初の公式文書である。

民間の識者によるEAVG報告書はさらに各国の政府代表で構成する東アジアスタディグループ（EASG）で検討され、二〇〇二年のAPT首脳会議にEASG最終報告書が提出された。そこでは、東アジア共同体を実現するための具体的な行動計画として、十七の短期的課題と九の中長期的課題が提案された。その長期課題の一つがAPT首脳会議を「東アジアサミット」（East Asian Summit）に改編することであった。

二〇〇〇年代前半は東アジア共同体に向けた動きがもっとも活発に展開された時期で

あった。アジア金融危機を背景に、域内諸国で協力の機運が高まり、EASG の提案が次々と実行に移された。日本でも東アジア地域統合を理論と世論形成の面で支えるネットワークとして、二〇〇四年に産官学の関係者からなる東アジア共同体評議会（CEAC）が設立された。「東アジア共同体」という言葉が日本のメディアに頻出し、同様のタイトルの文献が数多く刊行されたのもこの時期であった。小泉純一郎首相は、二〇〇二年一月、シンガポールで「東アジア拡大コミュニティ」構想を打ち出し、二〇〇三年十二月、東京での日本・ASEAN 特別首脳会議では、「東アジア共同体」を明示的に提唱するなど、日本政府も積極姿勢を示した。ちなみに、ASEAN＋三首脳会議を活用して、一九九九年から小渕恵三首相のイニシアティブで日中韓首脳会議が始まり、二〇〇八年以後、ASEAN 会議と分離した単独開催となって現在に至る。二〇一一年には日中韓三国協力の常設事務局がソウルに設置された（李 二〇一九b）。

東アジア共同体への重要なステップとして、二〇〇五年に東アジアサミットが実現した。しかし、皮肉にも、その過程で域内の分裂が表面化し、共同体創設への機運が失速することになった。その中心には「中国問題」があった。中国が予想以上の勢いで台頭したため、その対応をめぐって、域内国の利害が交錯し、外交的な角逐が激化したのである。

前述のとおり、東アジアサミットは APT の中長期目標の一つであった。しかし、二〇〇四年にASEAN次期議長国マレーシアが中国と連携し、二〇〇五年のクアラルンプールで東アジアサミットを創設することを提案したことで、にわかに動きが慌ただしくなった。マレーシアと中国には、APTの枠組みを早期に確立し、東アジア地域形成の主導権を確保したいという思惑があった。これに対し、日本やインドネシア、シンガポールなどは中国主導が強まることを懸念し、加盟国の拡大を図った。メンバーとなるべき「東アジア」の範囲をめぐって、ASEAN＋三の枠組みを主張する現状維持派と、豪州やニュージーランド、インドを加えようとする拡大派の間で激しい綱引きが展開され、最終的に拡大路線が採択された。その結果、二〇〇五年の東アジアサミットは、ASEAN＋三＋三の十六か国体制でスタートすることになった。「中国問題」に対応するため、「東アジア」が地理的範囲を超えて、大洋州と南アジアにまで拡大する形になったのである。公式の英文名称も地域性を薄める意味で、「East Asian Summit」ではなく、「East Asia Summit＝EAS」とされた。

EASはその後も拡大を続け、二〇一一年には米国とロシアが正式加盟した。中国の勢いが止まらず、それに対するさらなるバランスを求めて、米国とロシアをも加えるようになったのである。米国のオバマ政権が「アジア重視」を掲げたことも背景にあった。「東アジア」に対抗して「アジア太平洋」を強化する方針から、「東アジア」そのものに米国が入り、中国主導を牽制するという方向性への転換ともいえよう。

東アジア共同体に向けた歴史的なステップになるはずのEASだったが、以後、本来の趣旨である共同体推進の議論より、南シナ海問題など域内の懸案をめぐって、日米が中国を牽制する場となった。中国は次第にEASに関心を失い、ASEAN諸国も儀礼的な対応に終始するようになった。東アジアの首脳が一堂に会する唯一の外交舞台であるにもかかわらず、メディアの報道も少なく、一般的にほとんど知られていないのが現状である。

いま東アジアの地域形成は正念場を迎えている。米中の対立がさらに強まり、「新冷戦」の到来が危惧されるなか、東アジア地域が引き裂かれようとしている。一方の中国・習近平政権は、巨大な経済力を基盤に、「人類運命共同体」などのスローガンを掲げ、ユーラシア大陸からヨーロッパやアフリカに広がる地域への影響力確保をめざす「一帯一路」構想を進めるとともに、東アジア諸国に対しては、個別に二国間関係の強化による分断を図っている。

これに対抗して、米国と日本が進めている地域形成の構想が「インド太平洋」という枠組みである。[10] インド洋と太平洋を結ぶ「インド太平洋」という言葉は、二〇〇〇年頃から主として海上交通や海洋安全に関連した論考に散見されたが、二〇一〇年代に入って、「アジア太平洋」に代わる新たな戦略的地域概念として、外交安全保障の文脈で頻繁に用いられるようになった。「インド」と「太平洋」という二つの地域名をハイフンで結び、「Indo-Pacific」という英語名称が生まれたのもこの頃である。

「インド太平洋」を中国に対抗する戦略として積極的に進めたのは日本の安倍晋三首相であった。第一次政権期の二〇〇七年八月、インド国会での演説などで太平洋とインド洋を結びつける発想を披歴したが、二〇一二年末の政権復帰以後、その戦略の具体化に拍車をかけた。いくつかの準備段階を経て、安倍首相が「自由で開かれたインド太平洋（Free and Open Indo-Pacific ＝ FOIP）戦略」を公式に表明したのは、二〇一六年八月、ケニア・ナイロビでの演説においてであった。ここで、安倍首相は、「（日本が）太平洋とインド洋、アジアとアフリカの交わりを、力や威圧と無縁で、自由と法の支配、市場経済を重んじる場として育て、豊かにする責任」を担うと言明した。中国を名指しはしていないが、二〇一三年以来、習近平主席が進めている「一帯一路」構想に対抗する意図は明らかであった。

当初、米国のオバマ政権は「インド太平洋」という言葉を用いることはあったが、安倍首相が提唱する、ある種のイデオロギー色の強い戦略構想にはあまり関心を示さなかった。しかし、二〇一七年にスタートしたトランプ政権下では、米軍部を中心に「インド太平洋」戦略概念を公式に採用することになった。前任のオバマ政権の「リバランス（再均衡）」

に代わるアジア政策の新しい枠組みを探していたトランプ政権がこれに飛びついたという事情もあったようである（北野 二〇二〇）。二〇一七年十二月に発表されたトランプ政権初の「国家安全保障戦略」報告書では、地域情勢の枠組みとして、従来の「アジア太平洋」に代わって「インド太平洋」が公式に登場し、二〇一八年五月にはハワイに司令部を置く「太平洋軍」が「インド太平洋軍」に改称された。以後、国防総省や国務省の報告書では「自由で開かれたインド太平洋」（FOIP）が公式用語として定着し、バイデン政権もこれを継承している。

中国と日米の間で覇権競争が激化するなか、「東アジア」地域の分裂を回避すべく、域内諸国の努力も続いてはいる。二〇一九年、ASEAN首脳会議は独自の外交戦略文書として「インド太平洋に関するASEANの展望」（ASEAN Outlook on the Indo-Pacific = AOIP）を採択した。非同盟外交の伝統を有し、域内大国でもあるインドネシアが主導したものであった。同文書で、ASEANは「対立の代わりに、対話と協調のあるインド太平洋」をめざすと宣言した。二〇一七年にスタートした韓国の文在寅政権も米国の要請にもかかわらず、日米主導のFOIPに直接参加はせず、ASEANのAOIPとの連携に基づく「新南方政策」を打ちだしている（李 二〇二〇・八一-八八）。しかし、ASEANや韓国のミドルパワー外交の力量には自ずと限界がある。一九九〇年代末～二〇〇〇年代初めに

「東アジア共同体」構想が大きく進展した過程では、当時の日本のミドルパワー外交の寄与が少なからずあった。しかし、二〇一〇年代の民主党政権の挫折を経て登場した第二次安倍政権期に、日本外交は伝統的な権力政治（power politics）観に基づく「大国志向外交」に回帰したようにもみえる（李 二〇一五・二〇一七―二一〇）。岐路に立つ東アジア地域形成の行方は日本外交の志向性とも密接に関連している。

むすび

以上で、「地域」を考察する枠組みとして、「国家・市場・市民社会」のトライアングルを提示し、一九九〇年代以後の東アジアにおける地域形成について、主として国家の外交戦略に焦点を合わせて概観した。本稿では紙面の制約上割愛したが、市場、すなわち経済的な利害が土台をなしていることはいうまでもない。二〇二〇年十一月十五日、東アジア地域包括的経済連携（Regional Comprehensive Economic Partnership = RCEP）協定が調印された。二〇〇五年の東アジアサミットの創設メンバーである「ASEAN＋三（日中韓）＋三（豪NZ印）」の十六か国のうち、インドを除いた十五か国が一つの経済圏形成に合意したのである。経済の面で域内諸国がいかに深く結びついており、互いを必要としているかを如実に示しているといえよう。

しかし、国家間の対立と、それに連動したナショナリズムの跋扈（ばっこ）で、各国の市民社会は寸断され、地域的連携がますます困難になっているのが実状であろう。日中韓を中心とした北東アジアにおいても、例えば環境や福祉、自然災害など共通課題に関する機能的な協力はほぼ日常化し、人権や平和など価値的争点についても国境を越えた市民社会の取り組みが見られるが[11]、世論や政府の政策を動かすには至っていないように思われる。停滞している「東アジア共同体」構想を再び活性化するためには、ナショナリズムの葛藤を乗り越え、「東アジア」という共通の地域アイデンティティを育むことが重要であり、そこで市民社会の果たすべき役割は大きい。

（1）『Asia-Pacific Defense Forum』の創刊年度は世界の図書館所蔵資料データベースであるWorldCatで確認した。興味深いことに、この雑誌の名称は、二〇一六年に『Indo-Asia-Pacific Defense Forum』に、さらに、二〇一八年からは『Indo-Pacific Defense Forum』に変更された。明らかに米国の「インド太平洋」戦略の登場を反映したものだが、これについては後述する。

（2）一九四七年創設の国連アジア極東経済委員会（UN Economic Commission for Asia and the Far East = ECAFE）が前身であり、一九七四年にESCAPに改称された。

（3）「三領域論」をめぐって、論者によって多様な定式化がみられるが、「新しい市民社会論」のコンパクトな概説としては、山口（二〇〇四）の第五章「〈新しい市民社会論〉の特徴と類型」を参照。山口は「二元論」「三元論」という言葉を用いている。市民社会の概念については、政治・社会思想史の観点から、古代ギリシアから近年の議論に至るまで、原典に即しつつ、体系的かつ包括的に整理した研究文献として、植村（二〇一〇）がもっとも詳しい。

（4）例えば、政治経済学では、経済に対する政治（政府）の介入をめぐって、「政府の失敗」(government failure) か「市場の失敗」(market failure) という概念で説明することが一般的である。

（5）「ソーシャル・ヨーロッパ」は、一九八〇年代中盤、当時のEU委員長であったJ・ドロール (Jacques Lucien Jean Delors) が提唱した用語だが、そのような考え方はヨーロッパ統合の初期からあったとみてよいだろう。「ソーシャル・ヨーロッパ」の起源や展開については、中野（二〇〇四）を参照。

（6）ASEAN憲章の制定や人権委員会の創設における市民社会の貢献については、五十嵐（二〇一八）および大賀（二〇一三）を参照。

（7）「戦後外務省人事一覧」、『データベース日本外交史』、https://sites.google.com/view/databasejdh/人事一覧（二〇二〇年十二月二日検索）。

（8）こうした状況をも踏まえて、和田春樹は「東北アジア」という呼称の使用を提唱している（和田、二〇〇三)。
(9) 以下、この節の記述は基本的に李(二〇一九a)に依拠している。
(10) 日本と米国の「インド太平洋」戦略の形成と展開については、李(二〇二〇)、七十五～八十一頁を参照。
(11) 北東アジアの地域形成における市民社会の取り組みの実際については、松井(二〇二〇)のほかに、五十嵐(二〇一八)、大賀(二〇一三)などを参照。

【参考文献】

五十嵐誠一『東アジアの新しい地域主義と市民社会─ヘゲモニーと規範の批判的地域主義アプローチ』勁草書房(二〇一八年)
大賀哲『東アジアにおける国家と市民社会─地域主義の設計・協働・競合』柏書房(二〇一三年)
大賀哲編『北東アジアの市民社会─投企と紐帯』国際書院(二〇一三年)
植村邦彦『市民社会とは何か』平凡社(二〇一一年)
北野英城「〈自由で開かれたインド太平洋〉米次期政権どうする」『朝日新聞デジタル』(二〇二〇年十二月八日)
アンソニー・ギデンズ『近代とはいかなる時代か?─モダニティの帰結』而立書房(一九九三年)

（原著は一九九〇年）
河野康子「日本外交と地域主義─アジア太平洋地域概念の形成」『年報政治学』第四八巻、一一七〜一三二頁（一九九七年）
子安宣邦『アジアはどう語られてきたか─近代日本のオリエンタリズム』藤原書店（二〇〇三年）
篠原一『市民の政治学─討議デモクラシーとは何か』岩波書店（二〇〇四年）
中野聡「欧州社会モデルとソーシャル・ダイアログ─ユーロ・コーポラティズムの形成か」『日本EU学会年報』第二十四号、一八六〜二〇六頁（二〇〇四年）
ユルゲン・ハーバーマス「一九九〇年新版への序言」（山本正行訳）『公共性の構造転換　第二版』未来社（一九九四年）（原著は一九九〇年）
カール・ポラニー『大転換』東洋経済新報社（二〇〇九年）（原著は一九四四年）
松井ケティ「東北アジアの融和に向けた理論と実践─市民（宗教者）はどうかかわるか」『富坂キリスト教センター研究紀要』第十号、五十九〜七十三頁（二〇二〇年）
山室信一『思想課題としてのアジア─基軸・連鎖・投企』岩波書店（二〇〇一年）
李鍾元「冷戦後の国際秩序と日本─東アジアの地域形成と日本外交を中心に」『岩波講座・日本歴史』第十九巻・近現代五、岩波書店、一八七〜二一四頁（二〇一五年）
李鍾元「東アジア共同体形成の現状と課題」広島市立大学広島平和研究所編『アジアの平和と核─国際関係の中の核開発とガバナンス』共同通信社、二八一〜二九五頁（二〇一九年ａ）

李鍾元「金大中政権の〈東アジア共同体〉構想と日中韓協力—日韓関係との関連に注目して」『アジア太平洋討究』第三十六号、十九～四十二頁（二〇一九年b）

李鍾元「韓国・文在寅政権の地域主義外交と〈新南方政策〉—〈インド太平洋戦略〉と〈一帯一路〉の狭間のミドルパワー外交」『アジア太平洋討究』第三十九号、六十一～九十一頁（二〇二〇年）

李鍾元「東アジア共同体形成の現状と課題」広島市立大学広島平和研究所編『アジアの平和とガバナンス』有信堂高文社、二〇五～二二四頁（二〇二二年）

和田春樹『東北アジア共同の家—新地域主義宣言』平凡社（二〇〇三年）

Dirlik, Arif.（1998）. The Asia-Pacific Idea: Reality and Representation in the Invention of a Regional Structure. In *What is in a Rim?: Critical Perspectives on the Pacific Region Idea*（2nd edition）, edited by Arif Dirlik, pp. 15～36, Lanham, MD: Rowman & Littlefield Publishers.

Hook, Glenn D.（1988）. The Asia-Pacific Region. *Journal of Peace Research*, Vol. 25, No. 4（December 1988）, pp. 335-336.

Palmer, Norman D.（1991）. *The New Regionalism in Asia and the Pacific.* Lexington, MA: Lexington Books.

第二章　中国から見た平和の課題と展望
～二十一世紀における中国の「平和的台頭」は可能なのか？～

謝志海

一、はじめに

二十一世紀に入り、国際社会、特に北東アジアでは、中国の存在感が高まっており、これは、「中国の台頭」と言われている。中国の台頭はこの二十年間の国際関係の一大事と言っても過言ではない。国際社会の力関係や全体秩序も中国の台頭により少しずつ変容していった。特に近年、米中対立などにより、国際秩序が揺さぶられている。

振り返ると、筆者は二〇〇七年に留学で来日し、中国の台頭が国際社会の注目を集め始めた時期であった。テレビをつければ、中国に関する報道がたくさんあり少し驚いた。当時はどこに行っても中国の事情について質問されていた。二〇一〇年に中国のGDPが日本を抜いて世界二位になった時、まだ早稲田大学にいた私のところに、知人の紹介でウォール・ストリート・ジャーナルの記者がインタビューにきた。当時の私は、GDPは日本を超えても、一人当たりのGDPはまだ日本の十分の一なので、あまり大きな意味がないというような発言をしたと記憶している。あれから十年が経ち、中国の経済成長は右肩上がり、さらに世界に影響力を及ぼし続けている。しかし、内政や外交面においては、様々な問題も浮き彫りとなっている。

中国の台頭はいつまで続くのか、国際社会をどこまで導くつもりか、中国の台頭は果たして世界に平和をもたらすか、それとも不安定を招くか、これは多くの人々の関心事である。本章では、この問題を取り上げながら、中国から見た平和の課題と展望について考察してゆく。

二、中国の台頭とは

㈠中国の台頭とは

まず、中国の台頭（Rise of China、中国語で「崛起」）とは、二十一世紀初頭から中国の経済力や軍事力が勢い良く増し、その影響力や力関係の変容により国際秩序に地殻変動が起きていることである。「中国の台頭」という言葉は、近年あまり使われなくなった。その理由は「台頭」という言葉は国際社会に脅威的な認識を招いてしまう恐れがあるからである。しかし、「中国の台頭」という現象自体はとどまることを知らない。よって我々はまだ「中国の台頭」の最中にあると言えるであろう。

㈡中国から見る「中国の台頭」と平和思想

中国はこれまで自らの台頭について、あくまでも「平和的台頭」を主張してきた。「平和的台頭」という言葉の由来は、国際社会よりも中国から作りだされた部分が多い。二十一世紀に入り、中国はすでに改革開放から二十年間の時を経て高度成長を成し遂げた。一九九〇年代以来、「中国脅威論」は国際社会から絶えず言われてきた。二十一世紀はアジアの世紀、とりわけ中国の世紀というような論調も高まっている中、中国は意識的に「平和的台頭」をアピールし、国際社会の脅威認識を和らげようとしていた。

鄧小平は二十一世紀初頭の二十年間は中国にとって「戦略機会期」と定めた。これは、この二十年間は世界、特にアジアは平和的環境が続き、大きな戦争や衝突が起きないであろうという判断のもと、経済発展に集中すべきという考えであった。

もっとも、「平和的台頭」は平和思想として考えられた概念である。二十一世紀に入り、中国の台頭が世界の注目を集めると同時に、懸念されたこともある。中国は周辺諸国にとって脅威なのかという、不確定要素が多かった。従って、中国は自らの台頭は、歴史上にある大国、あるいは列強の台頭とは違い、他国の利益を損なわず、平和的方式で実現させることであると主張した。その根拠の一つとして、中国は広い国内市場を持ち、中国の経済成長は主に国内の市場に頼ることにより成り立つ。もう一つは、たとえ中国が大国になっても覇権主義をやらないと約束する。つまり、中国は、外国諸国にとっての脅威認識を払拭するため、中国の台頭は「平和的台頭」(Peaceful Rise)で、決して覇権を求めないと主張していた。しかし、台頭(Rise)その言葉自身は、脅威感を与えてしまう恐れがあるので、公的文書などでは「台頭」という言葉の使用を廃止し、「平和的台頭」から「平和的発展」(Peaceful Development)へ切り替え、平和的外交路線を強調してきた。

「平和的台頭」と関連する現代中国の外交思想は少なくとも二つ挙げられる。一つは、胡錦涛政権より提唱された「調和が取れた世界」という概念である。「調和が取れた世界」はまさに「平和的な世界」とのことである。それを実現するには、中国は自らの台頭が国際社会の安定と繁栄に貢献すべきだと考えていた。もう一つは習近平政権が提唱した「人類運命共同体」という概念である。人類は地球温暖化、パンデミック、テロ問題、貧困問題等の共通の地球規模問題と闘わなければならない。そうしたなか、国々は協力し合い、こういった課題に取組もうということである。この二つの概念は「平和的台頭」の延長線にあり、見方を変えれば「平和的台頭」をアピールしているように見られる。

㈢国際社会から見る「中国の台頭」

国際社会は「中国の台頭」をどう見ているのであろう。国際政治学には、現実主義（リアリズム）と自由主義（リベラリズム）との二つの理論の流派がある。二十一世紀初頭、現実主義国際政治学者は、国際政治は結局「大国政治の悲劇」であり、中国の「平和的台頭」は不可能だと主張していた。一方、リベラル中国研究者（China Watchers）たちは中国の「平和的台頭」は有り得ると予測していた。しかし、二〇一〇年代に入り、とくに北京オリンピックと上海万博をきっかけに、中国の外交政策は、いわゆる「韜光養晦（とうこうようかい）」（才能を隠し、内に力を蓄えるという意）という鄧小平の教えから、もっと積極的な外交姿勢へ変わったと指摘されていた。諸外国から見たここ数年の中国外交は、中国自身が主張した平和路線とは真逆で、力による現状変更だと批判されている。

二十一世紀に入ってからの二十年間、前半の十年は、中国の「平和的台頭」への期待が高まっていた。例えば、二〇〇一年の中国のWTO加盟はアメリカをはじめとする先進国に歓迎され、中国は国際社会の「責任を持つステークホルダー」（responsible stakeholder）になるだろうと言われていた。これに呼応するように、中国からも「責任を持つ大国を目指す」という外交スローガンが出されていた。しかし、後半の十年は、中国の外交路線は変わったと見られている。実際のところ、二〇一〇年頃から、中国外交が

「強硬」（Assertive）になっていると批判する報道が増えつつある。中国にとって最も重要な大国関係において、日中関係も米中関係もここ数年で国交正常化以来、最も悪い時期を迎えた。原因はもちろん中国だけにあるわけではないが、「中国の台頭」による権力転移、つまり力関係の変化がこういった事態を招いた部分が多いであろう。台頭した中国は果たして本当に既存の先進国と平和的に共存していけるのか。「平和的台頭」を実現するにはまだ様々な課題があることをこの十年間の国際関係が裏付けた。続いてはこれらの主要課題を一つずつ分析していく。

三、「平和的台頭」の課題

㈠一国二制度と香港・台湾問題

「平和的台頭」は世界に向けての発信であるが、中国国内にも課題がある。なかでも最も顕著化しているのは一国二制度と香港・台湾問題である。「一国二制度」とは「一つの中国」という大前提に、大陸は社会主義制度、香港、マカオや台湾は資本主義制度のままという特別な枠組で、中国の統一をめざす制度である。「一国二制度」の出発点は、まさに平和的手段により、政治制度が異なる政治体を同じ主権国家の統治に置くことにより、国家統一という目標を実現することである。もともと、台湾問題を解決するために、鄧小平が「一国二制度」を考案した。しかし、香港とマカオはそれぞれ一九九七年と一九九九年に中国へ帰還され、「一国二制度」は先に香港とマカオに適用された。

本来なら、中国の台頭に伴い、香港、マカオや台湾は中華民族の復興に共感し、中国本土寄りになるかと思われた。経済や貿易面において本土への依存度が高まると同時に、国際社会で存在感を増す中国に対してナショナル・プライドを感じ、中華民族としてのアイデンティティも強まるはずである。

しかし、中国が台頭していくと同時に、その求心力が必ずしも比例していないところがある。その中、国内問題としての香港問題がここ数年国際社会の注目を集めた。また、台湾も民進党の蔡英文政権の登場以来、北京からますますかけ離れていった。「平和的台頭」はまず如何に香港や台湾への求心力を高めていくかが課題である。

近年、中国政府は「中国の夢」や「中華民族の偉大なる復興」を掲げ、国内の結束力を強めたと言えるであろう。しかし、これらの方針は、むしろ香港や台湾から逆に反感を買ったと言える。事実、香港においては、近年、民衆の間で政府への反発が強まっている。これは「一国二制度」への理解が本土とかけ離れていることが原因である。一九九七年の帰還から少なくとも五十年間は「一国二制度」は揺るぎがない制度として認識されていた。今はちょうどそれから二十五年程経った節目といえる。「一国二制度」はこれまで成功しているかを検証する時期とも言えるであろう。

「一国二制度」には二つの意味合いがある。大前提はあくまでも「一国」である。つまり、一つの中国という政治的立場であり、いかなる国家分裂の行為も許されないということである。もう一つは「二制度」を用い、香港は帰還前の資本主義制度のまま、高度な自治権を享受することができる。例えば、香港もマカオも「特別行政区」として中央政府の直轄にあると同時に、分野により自ら決定権をもつことも出来る。問題は、多くの香港市民は、「一国二制度」のうち「一国」ばかりが強調され、そのうち、二制度の存在が薄くなっていくことを恐れていることである。一方、中央政府にとっては、「一国」は絶対に譲れない主権部分であり、「二制度」の存在意義として、まずは確固たる愛国主義に基づき、「一国」という認識を明確にさせることが前提である。

台湾問題とはそもそも共産党と国民党の内戦遺留問題である。しかし、台湾の民主化により、本土と台湾は同じ中華民族にもかかわらず、価値観において大きな隔たりが生じた。また、台湾は一九七〇年代の中日や中米国交正常化以降もアメリカや日本等の国と準国交関係を維持していることに対して、中国本土は常に不安を感じている。つまり、台湾の独立勢力が海外諸国の協力により、いつか中国から独立してしまう恐れがある。中国本土から見れば、台湾は中国の一つの省、「台湾省」であり、中華人民共和国の神聖なる領土である。しかし、台湾の人々はいまやこれに賛同しない人が多いであろう。たとえ独立までしなくても中国本土の支配下にはなりたくない人が少なくない。ここは根本的なギャップである。

経済面においても、香港も台湾も二十一世紀初頭までは本土より豊かで、本土の人々にとって憧れの地域であった。中国の台頭により、いまや香港も台湾も経済的な優位がもはやなくなっている。文化の面においても、昔は流行の最先端はまず世界から香港と台湾へ入り、それから本土に伝わっていた。しかし、中国の改革開放政策により、北京や上海などの都市が香港と台湾よりも一足先に世界の潮流とつながる時代になった。このような逆転は、もちろん中国の統一にとって有利であるが、逆にこれによりコンプレックスを感じさせてしまい、反感を買ってしまうこともある。

イデオロギーの視点から見れば、中国は経済だけが香港や台湾より豊かになっても、政治体制が変わらないまま、自由や人権等の価値観がしっかり守られるかが懸念されているところである。香港は帰還前からも民主主義ではなかったが、いわゆるイギリス式の自由主義が根付いていた。一方、台湾は一九八〇年代の民主化の波に乗り、アメリカに似たような国民党と民進党の二大政党による政党政治を形成してきた。このように、イデオロギー面の違いは以前から存在していたが、近年はそれがさらに顕著化している。

現在、「一国二制度」を巡る分岐点は、「一国」と「二制度」のどちらを優先させるべきかという問題である。中国政府にとっては、無論、「一国」は絶対な「核心利益」であり、今後もその姿勢を崩すことはないであろう。経済や軍事等のハード・パワーだけでなく、中国はいかに政治制度や価値観等のソフト・パワーを増やし、香港や台湾への求心力を高めていくかが、今後も大きな課題である。

㈡米中関係・「トゥキディデスの罠」

米中関係は中国が直面している大きな課題である。米中は「トゥキディデスの罠」にハマってしまい、紛争や戦争の可能性もあるのではと指摘されている。オバマ政権が二期目に入ってから、アメリカの対中認識や対中戦略が変わってきた。さらにその後のトランプ政権下、米中の間でこれまでにない大規模な貿易戦争が繰り広げられ、「新冷戦」の状態に入ったとも言われている。そして、バイデン政権に変わっても、アメリカの対中強硬姿勢は変わらないまま、米中の関係緩和はまだまだ道程が遠いと想定されている。

米中関係は一九七二年のニクソン大統領の訪中や一九七九年の国交正常化以来、最も悪化している時期にあると言われている。その直接的な原因はアメリカの対中戦略はここ数年大きく変わってしまったことであろう。従来アメリカの対中政策に関しては、いわゆる

「パンダハガー」(Panda-Hugger) という穏健派と「ドラゴンスレイヤー」(Dragon-Slayer) という強硬派の存在があった。冷戦後期からこれら二つのグループにより、バランスが取れた対中路線が実施されてきた。なかでも、「関与」(Engagement) 政策はもっとも主流な対中政策として各政権に重視されてきたが、近年、その姿が消えてしまった。多くの人は、トランプ政権から、米中間で貿易戦争が起こり、関係悪化してしまったと見ているが、実際は、オバマ政権の後半から、アメリカはすでに従来の関与政策から封じ込め (Containment) 政策へ転じたと言えるであろう。貿易戦争は経済問題のように見えるが、その原因は、単に貿易赤字ではなく、アメリカの対中戦略の変化である。その背景には、経済、安全保障及びイデオロギーの三つの分野で米中対立の深刻化が見られる。

では、なぜアメリカの対中戦略が変わったのか。最も重要な原因はまさに先述の「トゥキディデスの罠」のような状況が米中の間で起きている。そもそも「トゥキディデスの罠」とは何なのか。「トゥキディデスの罠」とは、国際秩序にある既存の覇権国と新たに台頭した新興国の間で、戦略的不信が深まり、やがて衝突や紛争につながる状況である。既存の覇権国は台頭した新興国が自分の地位に挑戦し、国際秩序を変えていこうと認識した場合、封じ込め等の措置をとる傾向がある。十年程前に、ブルッキングス研究所が出した米中共同研究成果「米中の戦略的不信」というレポートによると、当時からすでに米中の専門家たちは米中の衝突が起こりうると予測していた。

次に、中国はアメリカの対中戦略転換や米中関係の変容をどう受け止めているのか。もちろん中国はアメリカとの平和共存を模索していた。例えば、二〇一三年に、胡錦涛政権は「新型大国関係」という理念を提唱した。「新型大国関係」とは、従来の権力政治や権力闘争を中心とした既存覇権国と新興国の間の大国関係から脱出し、協力や対話を重視する新たな大国関係である。これはまさに当時の現実主義国際政治学者が主張した「大国政治の悲劇」を逆手にとって、中国の平和的台頭をアピールし、「トゥキディデスの罠」の状態を回避する努力でもあった。この「新型大国関係」は一時、中国の対米政策のガイドラインのようなものともなり、アメリカから受け入れてもらえた時期もあった。しかし、トランプ政権になり、アメリカは対中貿易戦争を起こしてしまい、中国も「新型大国関係」という言葉を使わなくなり、アメリカに対抗する道を選んだ。

今後の米中関係の行方はどうなるのか。少なくとも次の二点が考えられる。一つは、米中は権力闘争や権力政治から脱出できるかどうかにかかっている。いわゆる「トゥキディデスの罠」はやはり現実主義の国際政治理論に基づいた論説で、国家は権力や国益ばかりを重視し、やがてぶつかり合うという発想である。しかし、今日の国際政治は、すでにこの権力政治の範囲を超えた共通の脅威や困難に立ち向かっている。地球温暖化、パンデミック等の地球規模の問題の深刻さは、まさに前述の中国政府が主張した「人類運命共同体」のような枠組の中で国際関係を考えないといけない時代となっている。

もう一つは、二つのイデオロギーあるいは政治体制の共存は出来るかどうかという問題である。アメリカはこれまで民主主義の輸出を自国の外交政策に組み込めていたこともあるが、実際、民主主義はかつてない問題や挫折に直面している。冷戦終結後、アメリカの政治学者フランシス・フクヤマは、西側陣営の勝利により自由民主主義制度が最善の政治制度だと証明されたと著書『歴史の終わりと最後の人間』（The End of History and the Last Man）で主張していたが、三十年も経たないうちに、中国の台頭により、この論説には疑問符がついてしまった。今日の米中間の問題点の多くは、イデオロギーに帰結することができる。共産主義の政治体制は本当にアメリカあるいは世界にとって脅威なのか。経済発展やコロナ対策等において、共産主義体制のメリットもあるなか、むしろ中国の政治体制に憧れている途上国も現れている。果たして、共産主義の中国と自由民主主義のアメリカは今後国際社会で共存できるであろうか。それともやはり米ソのように、イデオロギーの違いにより、冷戦を繰り広げていくのか。

今後の米中関係はどこに向かうのか。これは米中だけでなく、国際社会全体の行方にも影響を及ぼしている。国際秩序は米中対立により、冷戦時代の二極体制に戻るのか、それともまだ誰も知らない、より違う方向に向かうのか。冷戦時代と一つ大きく違う点は、米中以外の国は、必ずしも米中のどちらかを選ぶ必要がないことである。実際に、同時に米中とも仲良く付き合う、あるいは経済面は中国に頼り、安全保障面はアメリカに頼る国々が少なくない。その意味で、米中対立は、国際秩序を二極体制へ導く可能性は極めて低い。また、グローバル化や世界市場の発展により、米中の間は経済や貿易の相互依存度がますます高くなり、トランプ元大統領が主張した米中「デカップリング」（Decoupling）はもはや不可能である。それ以外にも、地球温暖化やパンデミック等の地球規模問題の解決には、米中両国の協力は欠かせない。

米中関係は、国際政治理論の元祖の一人であるケネス・ウォルツ（Kenneth Waltz）が提唱した「三つのイメージ」、すなわち、国際システム、国家と人間といった三つの視点から分析することができる。特に国際システムの視点から見ると、国際関係は国際秩序の転換期を迎え、大国の衝突は起こりやすい時期である。国家の視点から見れば、米中はそれぞれ違う政治体制でありながら、国内ではそれぞれ問題を抱え、当然各自の国益の追求により衝突することがあり得る。人間の視点から考えると、今日の米中の政府レベルと大衆レベルの両方で国民感情の対立が目立っている。この三つのイメージから考察すれば、米中の間にあるいわゆる「戦略的不信」が短時間で解消されるとは言い難い。今後十年、二十年も、米中の競争が続く可能性が高い。

北京大学の王緝思（Wang Jisi）教授によると、米中関係の安定には「二つの秩序」が大切である。一つは中国国内秩序、つまり共産党政権の体制であり、もう一つは、アメリカがリードしている国際秩序である。この二つの秩序は互いに関連しているところがある。アメリカは中国の国内秩序にチャンレンジしないこと、中国はアメリカがリードする国際秩序にチャレンジしないこと、この二つの条件が揃えば、良好かつ安定的な米中関係は実現できるはずである。

米中関係が悪化しても、競争は続いても、対立はいつまでも続かないであろう。いつか米中関係は対立から共存へ切り替わる時期が訪れる。たとえリアリズムの視点から見ても、米中それぞれの戦略的国益を実現するには、両国の協力関係が必要であることは明白である。冷戦中の一九七二年、ニクソン元大統領の訪中は歴史的なことであったが、それから半世紀が経ち、いまなおその外交遺産を両国ともに大切にすべきである。

㈢日中関係・歴史的和解

日中関係は、台頭する中国が直面するもう一つの課題である。二十一世紀に入りすでに日中関係は二回の試練を試された。二〇〇一年に当時の小泉純一郎首相の靖国神社参拝問題で日中間の首脳訪問や政治対話が止まり、いわゆる「政冷経熱」の日中関係が数年間も続いた。二〇一三年前後は日本政府の尖閣諸島の国有化をきっかけに、再び日中関係が悪化の一途をたどった。歴史問題と領土問題はそれぞれの原因であった。この二重の罠があり、日中関係はなかなか安定できず、国民感情においてもネガティブな相互イメージが目立っている。日中関係にとっては、ヨーロッパのように、歴史的和解を目指し、地域協力や地域統合を推進していくことが非常に重要である。

「言論NPO」という日本のNPO団体は中国と連携し、二〇〇五年から日中共同世論調査を年に一回実施している。様々な質問項目のうち、もっとも注目されるのは両国の国民感情と国民イメージである。相手国に対して良いイメージと良くないイメージを持つ人の割合のデータを見ると、二〇〇五年から二〇二一年まで、ほとんどの年は悪いイメージの割合が良いイメージを上回る。つまり大半の人は相手国に対して良くないイメージを持っている。特に二〇一二年、二〇一三年頃は、日中両国とも九十パーセント以上の人は相手国に対して良くないイメージを持っていたという衝撃的な結果がある。これはもともと二〇一二年頃の領土問題がきっかけであったが、歴史認識や国民感情等の問題までを蒸し返してしまったと思われる。

皮肉にもこれらのアンケートを受けた人々の情報源は、ほとんどそれぞれの国のマスメディアである。なかには、不正確あるいは偏った情報が少なくないであろう。新型コロナウィルスが爆発する前に、爆買いは日本で一つの流行語となっていた。実は爆買いは日本の経済を潤わせたことだけでなく、両国の国民感情にも良い効果をもたらした。実際に日本を訪問した中国人たちは、日本の良さを肌で感じ、帰国して家族や友人にその印象を伝える。結果として、日本訪問と爆買いにより、中国人の日本に対するイメージは改善された。すなわち、日中両国の国民はもっと相手国へ実際に行ってみないと、相手国の人と会って話してみないと、長年形成された互いのネガティブなイメージはなかなか改善できない。人的交流は依然として日中関係の重要課題である。

確かに歴史問題や領土問題は難しい問題であり、すぐに解決することは不可能であるが、未来志向の日中関係は、両国の利益にもなるであろう。二十一世紀初頭に中国では「対日新思考」が提起され、白熱的なディベートがされていた。今日の不安定な日中関係を安定させるには、日中両国とも「新思考」が必要なのかもしれない。

若い世代は、歴史や領土問題より、互いの文化や若者の流行等に強い関心を持っている。それゆえ、彼らの間は前の世代よりも共通の話題があり、価値観も近く対話しやすくなっている。これは筆者が最近アドバイザーを務めた日中の大学生のオンライン交流プログラムで実感したことである。未来志向を持ち、若い世代の交流を代々続けていけば、日中の歴史的和解もきっといつか訪れると信じている。

今後の日中関係に関して、歴史問題と領土問題がすぐに解決する可能性が低いことは確かである。さらに、米中の戦略的対立に巻き込まれれば、日中関係にも相当な試練が待っている。歴史問題と領土問題がこれまで同様に繰り返され、また日中関係を悪化させてしまう可能性も十分ある。相互の国民感情が改善されない限り、良好な日中関係を築くことはなかなか難しい。

とはいえ、いまよりも安定した日中関係は期待できる。その理由は少なくとも下記四つが挙げられる。一つ目は、日中両国はこれまでの関係悪化の歴史から危機に対応する経験を積み重ねてきた。例えば、東シナ海における偶発的衝突を回避するため、日中ホットラインが二〇二二年内に開設されると二〇二一年十二月に日中双方から発表された。今後もこういった制度上の調整をもっと作っていけば、関係の悪化はある程度抑制されるはずである。二つ目は、人的交流、特に若い世代の人的交流をさらに拡大すれば、相互イメージが改善される可能性が高い。マスメディアばかりに頼らず、実際相手の国に行ってみること、相手の国の人と話してみることは大事である。コロナ禍が落ち着くやいなや、観光、留学やビジネス等の幅広い分野における日中交流は再開するであろう。三つ目は、日中の協力はますます重要となってくる。アメリカのリーダーシップが弱まるなか、日中両国こそが結束し、まずはアジアからリーダーシップを発揮すべきである。例えば、第三カ国における日中協力の合意は、日中の連携で質の高いインフラ投資を推進していくであろう。四つ目は、相互に学ぶことがまだまだある。特に中国にとっては、これから少子高齢化が進むことで迫りくる様々な社会問題に対応すべく、日本の経験やノウハウを吸収することが大事である。

二〇二二年は、田中角栄元首相の訪中や日中国交正常化の五十周年という節目であり、日中関係にとっては極めて重要な年である。これを機に日中両国ともこの半世紀で築いてきた日中関係をさらに改善すべきである。真の歴史和解を目指し、真の友好関係を築くため、さらなる努力が必要である。

(四)「一帯一路」の行方

「一帯一路」とは習近平政権が打ち出した巨大型地域経済連携プロジェクトである。「一帯一路」の提起は国際と国内の二つの要因がある。国際的には、当時アメリカのオバマ政権の「アジアへのリバランス」戦略やTPP(環太平洋パートナーシップ協定)に対して、東へ向かいアメリカとぶつかることを避けながら、西へ進む外交戦略を策定したと見られる。これまで中国の外交はアジア太平洋を中心に展開してきたが、これから西に向かい、経済協力を通じて発展途上国の仲間を増やし、よりバランスのとれた外交路線を踏み込むことにした。国内においては、中国の経済は確かに飛躍的に発展を遂げたが、地域間の格差、特に東南沿岸部と西部内陸との間の経済発展の水準はかなり大きな差がある。そこで、西部内陸地域の経済発展を促進するためには、西部から対外開放を推進し、中央アジアや東南アジア等の隣国との経済関係を強化していく必要があった。

こうした背景に打ち出された「一帯一路」は地政学の意味合いが強い。つまり、「一帯一路」沿線の国々との経済連携を通して、西へむかい中国の地政学的影響力を拡大してゆく。これまで中国はアジアという地域的な大国であったが、今後はグローバルな大国へ成長していくつもりであろう。外交戦略としての意味合いがあるため、当初は「一帯一路戦略」と呼ばれていた。しかし、これは国際社会に脅威的な認識を招いてしまう恐れを懸念し、後に「戦略」という言葉を使わず、「一帯一路構想」と言われるようになった。

「一帯一路」とほぼ同じ時期に注目されていた中国の動きはアジアインフラ投資銀行（AIIB）の設立である。AIIBは「一帯一路」のプロジェクトを実施するため、資金を提供したりする役割を担っている。その意味でAIIBを「一帯一路」の一環として見ても良いであろう。AIIBはこれまでのアメリカが主導してきた国際経済秩序にある国際機構、例えば世界銀行（WB）とアジア開発銀行（ADB）にとっては、どのような存在なのか。

途上国へのインフラ整備の投資は実はまだまだ足りない。その意味で、AIIBは現存の国際機構の機能を補うところがある。しかし、日米等の先進国からみれば、これは現存の国際経済秩序への挑戦という一面もある。

「一帯一路」とAIIBをどうみるべきであるのか。中国としては、これは世界へ公共財(Public Goods)を提供する試みでもある。国際政治学には、「覇権安定論」という論説がある。その主張とは、覇権国が経済や安全保障の面において国際社会へ公共財を提供することにより、国際システムの安定を保つという効果がある。いままでは、アメリカを中心に先進国が冷戦終結以来の国際政治経済秩序を築き上げ、途上国へ公共財を提供してきた。中国の台頭に伴い、中国も公共財を享受するだけでなく、提供する側にもなるべきだと以前から国際社会から指摘され始めた。つまり、「一帯一路」とAIIBはこういった国際社会の声に応じて公共財を提供し始めた動きである。また、アメリカが主導してきた国際政治経済秩序には不合理な部分もあり、改善する必要があると中国は主張している。「一帯一路」とAIIBはまさに中国が自らの努力により、国際秩序を改善する試みである。しかし、中国の国内において、「一帯一路」に関して、必ずしもすべては賛同の声でない部分もある。何よりも「一帯一路」は巨大なプロジェクであり、膨大な予算がかかってしまう。国内問題が山積みで、医療問題、教育問題、少子化問題等々、あるいは国内のインフラ整備も十分に整っていないなか、途上国へ大規模な経済協力や経済支援をしていいのかと考える人々はもちろん一定数存在している。それでも、今後十年を見据えた重要かつ長期的な外交戦略としてこれからも推進されるであろう。

では、国際社会は中国が主導する「一帯一路」とAIIBに対してどのように反応しているのであろう。国や地域によって違う立場や態度がとられてきたが、同じ国でも、時間と共にその対応は変わりつつある。アメリカは基本的に、「一帯一路」とAIIBはアメリカ主導の国際秩序への挑戦だと認識している。それゆえ、オバマ政権からバイデン政権まで終始「一帯一路」とAIIBに対して懐疑や対抗の立場を貫いている。日本は、当初アメリカと同じく「一帯一路」に興味を示さなかったが、だんだんと態度を和らげ、積極的に協力を考えるようになった。特に二〇一七年前後に日中関係の改善とともに、両国は「第三国市場における協力」に関して合意し、事実上、日本は「一帯一路」へ参加することとなった。ドイツ、イギリスやフランス等の主要欧州国家はAIIBに対して、当初の印象と違い、多くは創設メンバーとして加盟した。しかし、「一帯一路」に対しては警戒心を示していた。中央アジア諸国は「一帯一路」やユーラシアのハブを目指し、積極的に受け入れている。東南アジア諸国も、中国と領土問題を抱えているフィリピンやベトナムを含め、「一帯一路」を歓迎する声が多い。この二つの地域では、エネルギーや鉄道等の分野においてすでに数多くのプロジェクトが実施され、「一帯一路」から経済の恩恵を受けている国も少なくない。

面白いことに、「一帯一路」とAIIBに対してまったく違う立場をとっている国もある。例えば、インドはAIIBの加盟国となっているが、「一帯一路」にはあまり関心を示していない。インドはインフラ整備に関しては海外投資を必要としているため、AIIBに強い関心を寄せている。一方、「一帯一路」に関しては、インドの地政学的戦略「東進」、つまり東へ進む方向性とぶつかる部分があり、かなり消極的な態度をとっている。また、日本は、実質上部分的には「一帯一路」に協力しているが、今のところ、AIIBへの加盟には興味を示していない。日本は長きにわたり、ADBをアメリカと主導しているからである。

「一帯一路」に関するネガティブな報道が増えている中、不信感が増している。一つは、いわゆる「債務の罠」の問題である。つまり、一部の途上国が「一帯一路」のプロジェクトにより中国から多額な債務を抱え、返済不能な状態に陥ってしまう。それゆえ、経済や外交面において中国に過度に依存したり圧力を受けたりする状況になってしまう。もう一つは、「一帯一路」が軍事にも利用されているという指摘である。中国は経済投資を守ることを理由に「一帯一路」沿線でいくつかの国の港に軍事拠点を建設したと見られる。例えば、アメリカは二〇一八年国防総省報告では一帯一路の軍事意図を警戒することを表明し、「一帯一路の投資計画は中国の軍事的な利点を生み出す目的を持っている」と記している。このようななか、アメリカ等の先進国は再び「一帯一路」に対抗する姿勢を強めている。例えば、二〇二一年六月のG7会議で、「一帯一路」への対抗措置として、途上国へのインフラ支援構想「Build Back Better World（B3W）」が発表された。

「一帯一路」は国際社会にとって脅威なのか、それとも機会なのか。これは国や地域によって答えが違うかもしれないが、間違いなく「一帯一路」はこれまでの国際秩序に大きな変化を起こした。今後も注目すべきことは中国が「一帯一路」を通じて世界の発展と平和に貢献するか、それとも不安定をもたらすかということである。これは中国だけの問題ではなく、他の国々はどのように「一帯一路」と向き合うかである。

㈤海洋進出と領土問題

中国の外交路線の転換に差し掛かったもう一つの課題は、海洋進出及び東シナ海と南シナ海における領土問題の複雑化である。二〇一二年秋の中国共産党全国大会で、中国は強い海洋大国を目指すことを宣言した。その後、海洋強国へむけて外交戦略を練り直した。実際、「一帯一路」の「一路」は「二十一世紀海上シルクロード」と言い、海洋問題を重視するという意味合いもある。

中国は従来、大陸国家であり、海洋にはそれほど強い関心を持っていなかった。ではなぜ二十一世紀に入り、中国はこれほどまでに海洋国家への夢を抱くことになったのか。そこには歴史的、経済的や戦略的な理由がある。歴史上、中国の防衛として有名なものは「万里の長城」である。これはまさに北部あるいは陸からの攻撃を想定して作り上げた防衛システムである。しかし、一八四〇年代のアヘン戦争で、英仏等の西欧列強は海からやってきたことで、これまで想定されていなかった海洋からの脅威にさらされた。一九八〇年代に中国で放映されたドキュメンタリー「河殤」は、アヘン戦争から中華人民共和国成立までの「屈辱の百年」を振り返り、中国の「大河文明」を深く反省し、欧米の「海洋文明」への憧れを表した。さらに、二〇〇五年に、中国の台頭が注目を集め始めた時期に、中国では「大国の台頭」というドキュメンタリーシリーズが放映され、歴史上に大国になった国々を検証した。その中で、大国になる重要な条件の一つとして確認されたのは海洋大国ということである。経済の視点からみても、中国経済はもはや海洋に頼っているところが多い。特に、経済成長により、海外からエネルギーや資源の輸入が急速に拡大している。実際、中国が輸入している石油等のエネルギー資源の八十五パーセントはマラッカ海峡を通過しなければならない。二〇〇一年のWTO加盟より他国との貿易関係も強化し、貨物の運送などもさらに海洋に頼ることになった。また、いわゆる「ブルーエコノミー（Blue Economy）」という海洋資源による経済分野の成長も見込まれている。こうした海洋権益が増大し、次第にそれを守るための軍事力も求められている。ここ数年の間、中国の空母が二隻も就航し、海軍の抑止力や戦力がぐっと上がった。戦略面において、海洋は安全保障にとってますます重要となりつつある。

こうした背景にある中国の海洋進出は特に近年凄まじい展開となっている。また、時を同じくして、これまでも抱えていた東シナ海と南シナ海における領土問題がさらに悪化してしまった。東シナ海においては、先述の日中関係にある尖閣問題のことである。中国では「釣魚島」と言う尖閣諸島は二〇一二年日本政府の国有化により、関係悪化の直接原因となった。それ以来、尖閣諸島の周辺水域での中国公船の活動がより頻繁になり、時には緊張状態へとつながることもあった。日本は中国が力により現状を変更していると指摘しているが、中国側から見れば、日本側が先に現状変更、つまり国有化をしたという見方である。

南シナ海においては、中国は「九段線」に基づき領有権を主張し、フィリピンやベトナム等の国々と領土問題を抱えている。二〇一四年には、中国は南シナ海で人工島を建設していたことが国際社会に発覚され、批判を浴びた。このあたりからアメリカも積極的に南シナ海での活動を増やし、中国を牽制している。

中国の加速する海洋進出により、東シナ海と南シナ海の領土問題がさらに複雑化してしまったと言えるであろう。しかし、中国も他国と同じく平和な海、安定や繁栄な海を望んでいるはずである。なので、海洋問題に関する共通権益を見出し、対話や協力を推進することが国際社会の利益になるであろう。

四、おわりに

今後二、三十年、中国のハード・パワーはさらに増強していくであろう。中国の台頭は国際秩序を変えていくに違いない。中国の「平和的台頭」が可能なのか。前述のように、少なくとも現時点では、中国の「平和的台頭」は国内においては「一国二制度」と香港・台湾問題があり、大国関係においては米中関係や日中関係、そして外交戦略においては「一帯一路」と海洋進出等の大きな課題が山積している。如何にこれらの問題を克服し、アジア、ひいては国際社会の平和につながるか、中国そして世界にとっても大きな課題であろう。

参考文献

川島真、遠藤貢、高原明生 編集、「中国の外交戦略と世界秩序」、昭和堂、二〇一九年
ケネス・ウォルツ 著、渡邉昭夫、岡垣知子 訳、「人間・国家・戦争―国際政治の3つのイメージ」、勁草書房、二〇一三年
グレアム・アリソン 著、藤原朝子 訳、「米中戦争前夜―新旧大国を衝突させる歴史の法則と回避のシナリオ」、ダイヤモンド社、二〇一七年
佐橋亮、「米中対立―アメリカの戦略転換と分断される世界」、中央公論新社、二〇二一年
ジョン・J・ミアシャイマー 著、奥山真司 訳、「大国政治の悲劇」、五月書房新社、二〇一七年
張雲、「日中相互不信の構造」、東京大学出版社、二〇二一年
津上俊哉、「中国台頭の終焉」、日本経済新聞出版、二〇一三年
廣野美和 編集、「一帯一路は何をもたらしたか―中国問題と投資のジレンマ」、勁草書房、二〇二一年
フランシス・フクヤマ 著、渡部昇一 訳、「歴史の終わり」、三笠書房、一九九二年
Lieberthal, Kenneth and Wang Jisi, *Addressing US-China Strategic Distrust*, Wanshington DC: The John Thornton China Center at Brookings, 2012
Wang, Jisi, "The Plot Against China? How Beijing Sees the New Washington Consensus", Foreign Affairs, July/August, 2021

第三章　韓国の平和論と南・北コリア平和構築の歴史

李賛洙

一、始めに

韓半島（朝鮮半島）[1]で北朝鮮の非核化を囲む韓国－アメリカ－北朝鮮間に対話が続いている。外勢によって分断されて以来、韓国と北朝鮮の間に政治的緊張状態は続きながらも、巨視的に見ると対立の強度は縮小化されていく状況である。平和という言葉も以前に比べて多く語られるようになった。

しかし、実際に平和とは何か、平和をどう具体化するか、平和の概念と方法論が互いにぶつかり合う場合もある。平和に対する韓国と北朝鮮の立場が異なるだけでなく、韓国内でも進歩と保守陣営が平和に対する立場の違いで議論を高めている実状である。

国際的にはアメリカの平和と中国の平和がぶつかっている。韓国と日本の間には歴史的経験の違いで国際政治と外交的判断がぶつかり合い、そのための葛藤も続く。平和という言葉自体が利害関係に絡まって衝突し、誰もが自分の国益を押し求めるため危機もまた持続する始末である。平和を囲む葛藤はどう切り替えられるだろうか。平和という名の非平和的現実をどう診断し克服していくのだろうか。

何よりも、平和とは何か、どの平和が互いを生かせるか、人間の普遍的情緒に当てはまる平和論に対する共感領域を確保し、広げていかなければならない。最も基本的には全世界のもっと多くの人々が共感できるような平和談論を作り上げていくべきである。韓（朝鮮）半島に関わった問題の場合には、今まで韓国人はどのような平和を想像して企画し実践してきたのかを振り返り、韓国と北朝鮮のもっと多くの人々が共感できる平和の地平を開拓する必要がある。

この文では分断以来、南と北の間の対立と対話の歴史を平和論的に解釈しようとする。まず平和とは何か、韓（朝鮮）半島で展開されてきた平和に対応する概念の歴史を整理し、南北交流の事例と協力の歴史を探ることにする。これを通じて韓（朝鮮）半島での平和構築可能性を具体化するための理論的土台を築きたいと考えている。

二、多様性の受容と調和・韓国平和思想の歴史

㈠新羅から朝鮮まで

韓（朝鮮）半島の数千年に渡る思想史から今日の「平和」にふさわしい概念を抽出する

と、その内容は「多様性の受容と調和の過程」であると要約できる。仮に韓国文化・思想の歴史的起源を説明する「ダングン（檀君）神話」に目を通して見よう。韓民族の最も古いこの神話の主人公たちは天・地・人を調和させ和する精神を最高価値として見なしてきたことが分かる。三国時代－高句麗（韓国語発音コグリョ、B.C.一－六六八）・百済（韓国語発音ベクチェ、B.C.一八－六六〇）・新羅（韓国語発音シンラ、B.C.五七－九三五）の並存時代―以来、韓国的思惟体系の根幹を形成してきた仏教と儒教なども韓国人が適切に受容し消化することで韓国人のものとなった。この時、以上の行間で読み取れる重要な事実は、外部思想の受容や消化もそれができる能力を前提とするという意味だ。「例えば小学生は大学の学問が理解できず、せめて高校生になってからそれ以上の学問を受け入れ自分のものに消化できるよう、受容の対象とは受容する主体の力量の現れである。」韓国人が多様性を受容し開花させてきたということは、すでに多様性の意味を認め消化できる力量が備わっていたと言うことを意味する。「韓国的精神」というものがあれば、それは多様性そのものではなく、多様性と言う花を咲かせる力量である。新しく肯定的な価値をなるべく破壊せず適切に消化させ、殺すのではなく生かしていく文化を試みてきたのが韓国的思想の歴史なのである。

新羅の天才的思想家である崔致遠（チェ・チウォン、八五七－?）が鸞郎（ナンラン）

のために書いた碑文『鸞郎碑序』で新羅の古き精神、「風流」に対し書かれている。要するに「風流」は新羅の人々に前から備わっていた受容と調和の姿勢・能力である。崔致遠によると新羅人は「多様性（儒・仏・仙）を創造的に受け入れる能力（包含三教）」を持って、「すべての生きる生命たちと向かい合って調和してきた（接和群生）」と言う。

韓国最古の思想家といっても過言ではない元暁（ウォンヒョ、六一七－六八六）は「和諍」の原理を強調した。「和諍」とは言葉上には「論争の調和」、詳しくは「互いに対立する多様な学説と理論の和解と和合」のことを意味する。これと似た意味で元暁は「会通」

高山寺にある元暁の 肖像畵。高山寺は明恵（ミョエ、1173 年 - 1232 年）が重唱した寺院で、新羅の僧侶である元暁と義相の求道行を描写した「華嚴宗祖師絵伝」も所蔵している。 この写真の中の元暁の様子は、他の作品をもとに再び描いた模本だが、現存する元暁の肖像画の中で最も古い。

という用語も使用する。「会通」は互いに矛盾しているように見える諸教理を詳しく照らし合わせ、実際にはこれらの間に矛盾がないことを明らかにするための元暁哲学の方法論である。和諍と会通は今日の言語で言えば和解と調和の精神と相通じる。そして、この際の和解・調和・和合はすべての対立物たちの理論的肯定だけを意味するのではない。元暁の思想である和諍と会通は「傾いた競技場」(unlevel playing field)のような不当な権力関係による被害と痛みを回復するまでに至る社会的実践の姿勢でもある。近代の平和研究者たちが詮索している平和関連主題を千四百年も前の古代韓国人も追求していたということが良く分かる。

朝鮮時代にも大して変わらなかった。朝鮮の独歩的儒学者である李滉(イ・ホァン、一五〇一－一五七〇)は普遍的原理「理」を重視し「違い」を「差別」ではなく「差異」と見なし、その「差異」の中で普遍性を確保する人間論を検知した。李滉は、一五五四年中宗(朝鮮第十一代目の王)に挙げる上疏文で「倭寇」(朝鮮時代海岸で略奪を行った日本の海賊)も同じ空の下で生きるべき人であり、様々な政策もこうした平等な人間論の元で行われなければならないと主張した。一種の四海同胞主義的姿勢を堅持していたと見なされる。李滉と双璧をなしていた儒学者である李珥(イ・イ、一五三六－一五八四)も、李滉と儒学的論点は多少違っていたものの、結局は違いを認め差異の間の調和を追求すべきだと見た。李珥は政治的に更張、つまり漸進的改革を追求し、そのための理論として「理の中に気あり、気の中に理あり」という理気論的観点を堅持した。善の中にも悪があり得るし悪の中にも善があり得るという相対性を通じて、違いを認め調和に進んでいく形であった。

こうした観点と主張、もしくは実践論を現在我々の言語に引き替えるとそれは「平和の理論と実践」に対応するといえるだろう。元暁（ウォンヒョ）と崔致遠（チェ・チウォン）、李滉（イ・ホァン）と李珥（イ・イ）の思想は韓国の近代的平和哲学の源流に違いない。

朝鮮後期の聖王であった正祖（ジョンジョ、一七五二－一八〇〇）は言わば「蕩平策（とうへいさく）」によって政治的平和を成し遂げようとした。蕩平は「峻論蕩平」と「大同蕩平」に分かれ、峻論蕩平が疎通で党派葛藤を調整し慣用を社会統合の原理とする形であれば、大同蕩平は葛藤と紛争を引き起こす危険要因自体を解消することで正義と秩序を成し遂げる形である。峻論蕩平と大同蕩平は近代平和学者であるヨハン・ガルトゥング（Johan Galtung）のいう「消極的平和（negative peace）」と「積極的平和（positive peace）」に対応する。更にジョンジョは政治的で社会的平和も「内面の安らぎ－明徳」を活性化させるという「活法」と並行してこそ可能だと見なしたところで、「積極的平和」構築のため深く悩んでいた政治家でもあった。

以上の捉え方は丁若鏞（チョン・ヤギョン、一七六二－一八三六）にも確認できる。丁若鏞はできるだけ武力や暴力は避けるべきであり、やむを得ず武力や暴力を使うとしても、なるべく平和的で厚徳に使うべきだと主張した。それだけでなく朝鮮という国家を再建し守護するために様々な改革措置を提案したが、基本的に事大交隣構図の下で朝鮮を安全に守るための方策でもあった。韓（朝鮮）半島の分断とそのための葛藤が単純に韓（朝鮮）半島構成員だけの問題ではなく、中国、ソ連、アメリカ、日本など周りの列強たちの利害関係の中で発生し続いている

水原市、華寧殿に祀られた正祖（1752 年 - 1800 年）の御真（肖像画）。正祖は朝鮮王朝第 22 代王として、世界の変化を意識して朝鮮を改革しようとしたが、早くに他界し、未完に終わった。政治を通じて平和を実現しようとした朝鮮後期の代表的な王である。

という点で、丁若鏞の平和論は今日の我々にも相変わらず有効に受け入れられる主張である。

東学（韓国の近代新宗教である天道教の前身）の二代教祖である崔時亨（チェ・シヒョン、一八二七－一八九八）は「平和」を戦争の終わった状態くらいに理解し、実際に重視したことはその状態に至らせる人間の根本姿勢であった。「守心正気」と「心和気和」、つまり「心を守り気を正す」、「心と気がすべて調和になる状態」こそが真なる平和の根幹であるということだ。「心和気和」の姿勢で「人を天のように仕える時（事人如天）」真なる平和が成し遂げられると声を上げた。人吾同胞、物吾同胞にて表現される崔時亨の四海同胞主義は韓国的平和思想であり世界倫理の根幹に評価できる。

こうした捉え方は東学に心酔していた全琫準（ジョン・ボンジュン、一八五五－一八九五）から大変実践的な形で現れる。全琫準の一生の課題は「輔国安民」であった。輔国安民は『歪んでいく国を助け、苦しみに陥った民を安らかにする』ということである。ところで、この「安民」とは結局「民」が自ら作り上げて行くものである。輔国安民も「民による革命」の形で表れるしかない。国が己れの役目を果たせず民草の命、生業、生活全般が危うくなったとしたら、その時、国を国らしくする主体もまた民であり、民が自ら前に出て国の過ちを直し、己れの命、生業、生活を安全にしなければならないというのが全琫準の主張であった。彼は「社会的平和」を夢見たのである。

彼の主唱した東学農民行動綱領でも具体的に確認できる。この綱領では『東学農民軍は剣に血をつけずに勝つことを一番の功にして、やむを得ず戦うことになっても人の命だけは傷つけないことを大切にする』不殺生を求めた。こうした東学農民軍の実践に対し日本の田中正造（一八四一－一九一三）は日本軍と戦っていた東学運動の実践規律に向かい「文明的」だと評価した。国際法的秩序と精神を破って朝鮮を侵略した日本に立ち向かい農民軍を起こしてもなお、できるだけ他の民や多くの生命を傷付けないという全琫準の鉄則は平和という目的を実現していく過程も平和的にならなければならないという近代平和学の原則をまた違う形で表している。

㈡近代以降の平和思想

前述した思想家たちを現在の言語を使って表現すると宗教人でもある。平和への実践を具体的に見せ付けた者たちのほとんどが宗教人だったというわけだ。現代人たちは宗教に対し否定的先入観を持っていることが多いが、人類の思想と知恵の源泉は常に宗教であった。韓国の場合も同じである。前述した崔致遠（チェ・チウォン）は儒・仏・仙の学者であり、元暁（ウォンヒョ）は優れた僧侶であり、李滉（イ・ホァン）と李珥（イ・イ）は最高の儒学者であり、丁若鏞（チョン・ヤギョン）も改革的儒学者であると同時に西学（カトリック）にも詳しかった。正祖（ジョンジョ）は儒学的世界観を現実政治に改革的に融合させようとした王であり、崔時亨（チェ・シヒョン）は東学（今日の天道教）の指導者であり、全琫準（ジョン・ボンジュン）も命をかけて東学の教えを実践した人である。この点で近代韓国の宗教は韓国思想の宝庫ともいえるだろう。

韓国で自生した改革仏教である円仏教も韓国的平和論の事例の一つである。円仏教の開祖である朴重彬（パク・ジュンビン、一八九一－一九四三）の平和思想は中道と中庸、相生と調和、寛容と摂取不捨（衆生を受け入れ見捨てない）に要約できる。これは後継者である宋奎（ソン・ギュ、一九〇〇－一九六二）の「建国論」と「三同倫理」に受け継がれた。三同倫理が人類の根源的一致性に基づいた和合の倫理であるとすれば、解放政局で記録されたチョンサンの「建国論」は彼が内面的平和に留まらず政治体制の変革にまで注目していた事実が確認できる。

僧侶でもあった韓龍雲（ハン・ヨンウン、一八七九－一九四四）に平和とは愛敵、つまり平等と自由の均衡であった。相手の自由を侵さない平等こそ真なる平和だと彼は考えていた。詳しくは韓龍雲（ハン・ヨンウン）にとって平和は自尊心をなくした、弱くて不遇なもの、ヴィクトル・ユゴ（Victor—Marie Hugo）の表現を借りれば「レ・ミゼラブル」

であり、ジョルジョ・アガンベン（Giorgio Agamben）の「ホモ・サケル」に対する優先的な愛だと表現できる。平和学が弱者に注目する学問であるように、ハン・ヨンウンの平和は旧習に引っ張られ開化につぶされる哀れな朝鮮の民、現在の言語にすると「社会的弱者」がそれぞれの生で主人公になれる世界を作り上げる実践であろう。まず社会的弱者を愛するには、社会的構造と抑圧勢力に対しある程度の抵抗と犠牲を伴うしかなく、こうした抵抗を通じてのみ平和と幸福が主体的に得られるというのがハン・ヨンウンの考えであった。

近代平和学の主題に最も当てはまる資料を残した人は安重根（アン・ジュングン、一八七九－一九一〇）であった。彼は中国の哈爾濱（ハルピン）駅で伊藤博文を暗殺した後、旅順の牢獄で「東洋平

安重根。20 世紀を前後に教育運動と抗日義兵活動をした。1909 年、伊藤博文の暗殺を謀議し、同志たちとともに左手の第四指を切る「断指同盟」で必死の決意を固めた。写真は伊藤博文を暗殺し、旅順監獄で受刑生活をしていた当時の様子 。

和論」を著述した。安重根の死刑で未完のまま終わってしまったが、「東洋平和論」では日本を筆頭にした韓・中・日三国が協力し西欧帝国主義の侵略に抵抗しつつ共に東洋平和を達成しようと提案している。三国共同で平和維持軍を作り軍備を縮小し共同銀行を設立するなど、経済共同体への提案は大変具体的に書かれていた。しかし、彼の願いは別として日本は朝鮮を侵略するなど反平和の道へ進み、安重根は侵略の先鋒に立っていた伊藤博文を狙撃することで東洋の平和を成し遂げようとしたが、未完の希望で終わってしまった。安重根の対日包容的連帯平和論は韓（朝鮮）半島主要思想家たちの平和に対する認識と軌を一にするといえる。

以上の思想的流れは二十一世紀となった今にも数々の思想家たちによって受け継がれている。複雑な国際関係となった現在に平和研究の傾向はもっと繊細になったが、基本的な内容は昔も今も大して違いはない。今までの平和論を肯定的観点に要約すると、前述したように、韓国人にとって平和は多様性の受容と調和、異質性の「会通」と「相生」である。この時の「相生」は、「共に生きる」という意味の「共生」に比べて、「互いを生かす」という意味が強い。韓国の宗教界をはじめ、社会全般で広く使われている用語である。このような相生の精神に基づき、平和は生命尊重に基づく不殺生、人間尊重に基づく平等と四海同胞主義に要約することもできる。これは他者の認定などの肯定的価値を拡大させ、他者を疎外させる否定的価値を縮小させる方式で表われる。韓国の平和主義者たちは例え小規模ではあっても、こうした内容を成し遂げるために試みてきた。

ところでこうした平和概念は近代西欧で達成しようとする平和研究の理想であり中心主題でもある。多様性を肯定し異質的なものを相生にて転換させようとする能力は東・西洋を貫く平和の力量なのである。異質性を相生に転換させる理由は、異節性を優劣や正誤と判断しながら傷と犠牲も生じるためである。その傷と犠牲を減らしていくことが、実際に平和への道になるのである。その点で『平和は暴力を減らしていく過程』と再要約することができる。多様性の受容と調和、異質性の認識と相生も結局、今まであった暴力に対する経験値と比べながら実際に縮小していく方式にしか確認できないためである。この意味を、もっと具体的に探ることにしよう。

三、平和・傷と葛藤の縮小

前述したヨハン・ガルトゥング（Johan・Galtung）は平和を次のように規定している。

$$\text{平和（peace）} = \frac{\text{公平（equity）} \times \text{調和（harmony）}}{\text{傷（trauma）} \times \text{葛藤（conflict）}}$$

公平と調和が拡大され傷（トラウマ）と葛藤が縮小される時、平和が大きくなるということだ。人間的生の肯定的価値が拡張されるほど、否定的要素が縮小されるほど平和は大きくなるという。分子が最大に大きくなり分母が最小に小さくなった状態、そのため一切の暴力がなくなった状態をガルトゥングは「積極的平和（positive peace）」だと規定した。積極的平和とは、一言で言うと、「一切の暴力が起きない状態」である。平和に対した「最大主義的」定義として、一般的に知られた規定でもある。

この時、平和を規定するのに暴力を持ち出すしかない現実にもっと集中すべきである。人類はいつも暴力に苦しんでいたと言う訳である。今まで人類全体が公平と平和を持続的に経験したことは一度もなかった。一人や二人、もしくは小規模集団の間で一時的に「公平」を経験したり、ある事件の「調和」的妥協や解決は味わったかも知れないが、持続的に公平で調和であることは限りなく不可能に近い。

地球全体に目を向けるとなおさらだ。世界のどこかではいつも傷と葛藤で苦しんでいる。公平と調和よりは傷と葛藤を、特に構造的な規模で経験してきた。何人くらいか一部の集団内で葛藤が落ち着いたり一時的に消える場合はあっても、傷と葛藤が持続的に存在しなかったことはない。人類の目標はどうすれば傷と葛藤を減らせるかにあると言っても過言ではないくらい、暴力に苦しんできた。

すると、前述したガルトゥングの図式は一歩深く入り込んだ時こそ平和学的意味が明らかに確認できる。取りあえず、分子と分母は対等な関係ではない。現実では公平と調和という分子よりは傷と葛藤の経験がもっと大きい。分子は目的や理想に近く、分母は現実の経験を反映している。故に分子よりは分母中心的に平和を究明した方が現実的である。肯定的価値を拡大することもむろん大切で必要なことだが、肯定的価値を拡大しなければならない根本的な理由、すなわち暴力が蔓延し、構造化されている現実が基礎にある。否定的価値を縮小することの方がもっと現実的な態度かつ行動なのである。公平と調和は傷と葛藤を減らしていく過程にだけその姿を現せる。分母が0であったことは一度もない。これから一に近く収斂させていくのみである。

そういった点で「平和は暴力のない静的状態」というよりは「暴力を減らしていく動的過程」に見た方がより説得力があるといえる。静的に留まっている状態とは創造でしかできない絵柄である。持続的に変化している人間の生の中で平和とは、傷と葛藤、つまり暴力を減らしていく動的過程でしか表れない。

傷と葛藤を減らせるほど平和は大きくなる。公平と調和と言う肯定的価値と姿勢を図ることで平和が大きくなると言うことも正しいが、公平と調和自体が傷と葛藤を減らしていく形で経験できるという事実により注目すべきである。平和とは、そのもの自体が増進される特定の価値や状態というよりは、傷や葛藤のような否定的価値、つまり暴力が縮小される形で現れる。

すると、暴力はどう減らせるか。暴力は大きな力が小さな力を圧倒することで小さな力が被害を受ける現象である。対等な力同士が張り合って互いをもっと緊張させている場合に暴力は相互的に作用される。互いが互いに暴力の原因となる。その際、暴力は互いの中で構造化されるまでに至る。力同士の強い対立は力の正当性を自分にだけ置くために発生する。これが続くと社会的緊張による暴力が正当化され、互いの中で内面化し、暴力を暴力だと気づかずに生きてしまう。まさにこれまでの韓（朝鮮）半島での南北関係がそうであった。

互いが互いにより暴力的状況に置かれたと言う事実を素直に認めることから始めないといけない。私により相手が受けた暴力に対して相互に同意がなされ得るべきである。同時に交流し協力できなければならない。交流と協力は互いの立場と状況に対した理解を前提に、接点を探し相生する過程でもある。

交流と協力は互いの認定を前提する行為であるが、実際は片方で対話を要請することで始まる。相手はなぜこのような状態に至ったのかを互いの立場で考えることでそれにふさわしい協力が始まる。この一連の過程のない交流はただの欺瞞に過ぎない。協力は互いが互いの状況を受け入れることでしかできない。テロリストさえも彼らの立場から見ると、なぜテロにまで至ったのか経路が見えてくる。それなりの理由があるわけだ。その理由の正当性だけを計算することはテロ終息にあまり効果的な方法ではないだろう。なぜテロを行うかに対して理解しつつそれに当てはまる共同の目的を設定し、テロを止めるための接点を探し出す過程でこそテロを止められる。交流と協力はこうした姿勢を持って話し合いを通じて葛藤を乗り越え、接点を見つけていく過程である。

さらに、韓（朝鮮）半島における葛藤の解消は、南・北コリアだけの問題にとどまらず、分断に関与したアメリカ、ロシア、中国、日本との関係で接点を見出す過程でもある。これら国家間の接点を見出す過程が韓（朝鮮）半島の平和の過程である。対話を通じて相手間の接点を見出さなければならない。互いに異なる立場が出会い共通の地点を確認していく過程は、相違による葛藤を調和につなげる平和の道である。対話を通じて多様性が調和していく過程が平和の典型的な姿である。それは個人と集団間にはもちろん、国家間にも当てはまる原理である。対話は平和の出発であり過程である。

四、平和多元主義と減暴力としての平和

対話（dialogue）は二つの言葉（logos）の交換（dia）過程、特にその交換によって接

点を見つけていく過程である。「対面」して「話す」という漢字のように、向かい合って話してこそ接点が見つかる。すると問題も解かれ始まる。

平和も「対話的構造」を持っている。つまり平和を構成する主体たちの間で調和をつくっていく過程が、対話の主体たちが接点を見つけていく過程と同じであるということである。二つの立場の間で接点を見つける前に二つの間で平和はない。もし平和があるなら、その時の平和は各自、己れに有利な平和だけがあるだけである。二つの立場がそれぞれ自分に有利なある形として想像するという点で現実的平和は複数の形で存在する。現実で平和は大文字単数「平和（Peace）」ではなく、小文字複数の「平和たち（peaces）」として存在する。平和という言葉は同じだが、平和の概念・意図・目的・方法がそれぞれ違っている訳だ。平和を己れに有利に進めようとする「自己中心的平和主義（ego-centric pacifism）」が主流となったのだ。

こうした自己中心的平和は結局平和という名の暴力を産み出す。平和を自己中心的に手段化し自分の目的を具体化させようとする態度である。一見同じ平和を目的にしているようだが、実際に暴かれるのは様々な「自己中心性（ego-centerednesses）」である。その故、平和を掲げた葛藤が続いてしまう。そして「力による平和（peace by power）」と言うのがその葛藤を煽る。

まずは平和が小文字の複数（peaces）であることを認めなければならない。皆の平和を成し遂げるためには自分の平和も相対的に免れないと肯定しなければならない。大文字単数の「平和（Peace）」が理想的希望の領域であるなら、その希望は様々な「平和たち」間の対話を通じて調和を成していく過程でその姿を現す。こうして上位の共通的平和を求めていく過程があるだけである。

対話を通じてあらゆる立場の間で調律と調和を成していく過程が平和である。上位の共通的領域には限界がない。ガルトゥング（Johan・Galtung）の表現した図式を借りれば、「傷」と「葛藤」と言う分母が0となってこそ最上の平和が成立するわけだが、世の中で傷と葛藤がないということはあり得ない。傷も葛藤も全く生じない世界があるとしたらそれは「神の国」か「仏国土」のごとく宗教的理想の世界である。そのような理想郷を現実で経験することは不可能である。

しかし、それにも関わらず、以上の理想的前提を諦めてしまえば、今より良い段階を目指す理由と論理さえも消える。理想的状態を想像することで傷と葛藤を減らさねばならない論理も正当性を得るわけだ。「暴力のない状態」と言う理想世界に対する想像が、今の我々の経験している平和に安住しなく、その次の段階に進むようにする。こうした立場を「平和多元主義（pluralism of peaces）」といえる。

平和多元主義とは単純に平和にはいろいろの種類があるとか、すべての立場が全部正しいと主張するのではない。価値論的に誰かの平和論の方がより正しいか道徳的なことはあるかも知れない。しかしその客観的基準を確保することは大変難しい。現実ではひたすら自分たちの平和の方が正しいと思い込み自分に有利なある状態を期待する。平和すら自己中心的解釈に左右されている。現実で経験する平和は事実上「平和達」である事実をとりあえず認めて、この多様性を衝突や葛藤ではなく公平と調和というもっと上位の価値に立ち向かえる踏み台にしなければならない。葛藤も暴力もない理想的状態、つまり大文字「平和（Peace）」を目指しつつ、「平和たち」間の調律を通じて折り合い一歩ずつ進み具体化するべきだ。平和は目的論的になるしかない。

韓（朝鮮）半島で南と北の平和、アメリカと北朝鮮の平和、韓国大統領と日本総理の平和が現実ではぶつかり合っているが、それにも関わらずある片方の立場だけを押し込むと葛藤と衝突の悪循環を免れない。「力による平和」はある片方を、更には両方に傷付けて葛藤をただ水面下に納めるだけである。まずは相手を認め接点を探して行く必要がある。

もちろん、接点を探す過程でも、なぜそうしなければならないのか、その基本価値を見落としてはならない。「暴力のない世の中」という理想的価値を堅持し、妥協しなければならない。「暴力のない世の中」も自国中心的な態度では成し遂げられない。暴力には国境がない。現在より暴力が減少した次の段階の平和、また、その次の段階の平和、究極的には一切の暴力が消えた理想的世界を夢見ながら、その平和状態を全世界が共感するように知らせる過程が並行されなければならない。

老骨的に物理的暴力自体を推奨・助長し正当化しようとする者はほとんどいない。例え一部がそうだとしても裏を探って見るとそれなりの理由がある。テロリストさえもテロの経路を追跡すればなぜテロを起こしたのか各自自分の主張と訳がある。己れの存在理由を保障してくれと言う凄まじい要求の現れである場合も多い。様々な立場同士の調和、前述した表現をまた借りれば、「平和たち」の間に調和を成していくべきなのだ。

相違な力の力学関係から起きる被害、つまり暴力による傷をなくすか減らして行かなければならない。「平和とは暴力を減らす過程」、簡明にいうと「減暴力（minus-violencing）」の過程である。暴力（violence）を減らす（minus）過程（~ing）なのだ。暴力を減らす分だけ傷はいやされ傷が生じる可能性も減っていく。平和は暴力による傷を治す過程だけではなく、そもそもそうした傷ができない構造をつくっていく過程で現れる。「平和構築（peace-building）」がこうした過程を集約している用語である。

五、話し合いは多く、戦略は少なく

この時、ある片方が先に対話を要請することで以上の過程に導くきっかけとなる。否定的価値（暴力）を止揚し肯定的価値（平和）を具体化させる行為の奥底には対話による接点探しの過程がある。その点で平和は対話的構造をもつだけでなく対話もまた平和的構造をもつ。

大事なのはその接点が大きいほど暴力の可能性は縮小され平和の姿が現れるということだ。ユルゲン・ハーバーマス（Jürgen・Habermas）の表現を借りれば、「意思疎通的合理性」の通用する「生活世界（Lebenswelt）が一定部分形成される。例え現実では相手に一方的に私の影響力を与えようとする「戦略的」行為、特に政治的「権力」、経済的「貨幣」で相手を自分の要求に合わせようとする試みが乱舞し、言語的合意が権力や貨幣に引き変えられる「生活世界の植民化」現象が起こる。

しかし、そういう時こそ意思疎通の合理性で妥当に合意しつつ平和に寄与しなければならない。この文の主題に繋げると、「意思疎通」が平和に寄与し、権力と貨幣中心の「戦略」が暴力に寄与する可能性が高まると要約できるだろう。「平和＝$\frac{\text{意思疎通}}{\text{戦略}}$」と簡単な図式で表すこともできる。他者を事物化させる戦略的行為を押さえ合理的意思疎通を増やすことが平和構築の道であるという意味だ。互いの主張に対する妥当性を話し合って合意し、己れに有利な平和だけを平和に立たせることから生じる「平和という名の暴力」を押さえなければならない。持続的意思疎通を通じて小文字の平和たち、仮に、peace1、peace2、peace3…の間の接点を探しながらpeace12、peace23、peace13…を作り、peace12、peace23を調和させることでpeace123を建てていかなければならない。これを続けるのが大文字 Peace への道である。

南・北コリアが統一と統合を成し遂げるためには、平和多元主義的見方で大文字 Peace へと進んで行こうとする姿勢と過程が求められる。「統一」とは何かに対する論議自体も様々で、統一と社会的統合の関係を究明することも複雑な問題ではあるが、我々が分断状況下に置かれている限り、統一と統合は南・北コリアの持続的目的である。

政治的統一そのものが最終目的ではない。真なる最終目的は「大文字平和」である。大文字平和は現実の多様性たちの間の調律を求める理想的目的である。統一も減暴力的かつ平和的に追求しながら、もし政治的統一になったとしてもまたそこで大文字平和に進まなければならない。その点で見るといつも「統一≦平和」である。

もちろん七十年以上相違な体制と理念が続き葛藤が積み重ねられた南・北コリアの関係

にハーバマスの合理的意思疎通理論を急に適用させることはできない。意思疎通のきっかけを備えるためにもある程度の戦略が必要である。ハーバマスが「戦略」だと命名した事例、つまり政治的「権力」もしくは経済的「貨幣」が北朝鮮との対話を促進させる暫定的手段になれるという意味である。特に経済的力量の優位に基づいた「貨幣」の戦略的活用が必要である。

もちろん戦略はあくまでも一時的手段として使わなければならない。更なる価値は「皆の平和」だという否定できない事実を常に明らかにして置くべきである。こうした戦略が相手にとって他者の意図に合う行動をするよう誘導する陰の目的のように見なされると、相手もその相手を手段化する戦略的行為に対応してしまう。すると互いに「戦略」だけが乱舞し、結局「生活世界」の破壊へと繋がる。つまり南北関係で戦略的手段は必要だが、相互関係を作動するための最低限の装置として使われるべきだ。

六、贈与と国家的次元の熟議

「貨幣」を前に立たせる戦略は一時的な「アメ」にはなっても自発性に基づいた永久的動力にはなれない。それだけでは相互信頼が形成されない。信頼の形成されない平和は形容矛盾であり、すぐ破れてしまう。持続可能性を確保すべきなのだ。話し合いながら南北の間に積もっていた傷と痛みを実際に縮小できる過程に進まなければならない。

その縮小は比べて傷の少ない方から先に手を出す時こそ可能となる。分断状況下でもちろん韓国にも傷はあるが、アメリカの主導する世界秩序の中で窮地に追い込まれている北朝鮮の傷の方がより大きいだろう。これに対し韓国の共感的認識を確保しなければならない。韓国と北朝鮮は、いや、アメリカと北朝鮮は「傾いた競技場」(unlevel playing field)の両極端に立って競技している。低い位置で戦っている側に先攻できる名分と機会を与えるべきだ。そうしてこそ少しでも公正な競技が行われる。

人類学者マルセル・モース(Marcel・Mauss)が『贈与論(Essai sur le don)』で明記したように、「交換(exchange)」は「贈与(gift)」から成立する。アダム・スミスが究明して以来、政治経済学での「価値」というのは主に交換価値(exchange value)であった。ところでマルセル・モースはもう一歩前へ進む想像を可能にしてくれた。彼は誰からもらった分だけ、いや、もらった分以上に渡すことで自分の社会的位置も規定されるという事実を様々な部族社会のポトラッチ(贈与行為)研究を通じて明確に究明している。すべての交換行為は誰かの「贈与」で始まり成立するという事実である。彼によると、人間と物事は分離されないため、誰かにある物をもらったとしたらその物にはくれた人の魂まで込められている。人間が単純に所有するのではない。『贈与論』によると、所有物の大きさで個人の力量を判断する近代人とは違って、誰かに何かをあげようとする気持の大きさで人間の大きさが規定される。何かをあげるというのは自分の一部をあげることでもあり、受け取った者はもらった物の以上に相手に返すことで自分の存在が保障される。労働も誰かに与えるための行為となる。こうした取り交わす行為が相互循環することで社会は運営される。贈与が社会運営の根本条件となるのだ。モースによると今日の社会保障制度は原始的ポトラッチに戻ろうとする徴候と同じである。すべての物事と財貨が自分だけの利益のための手段ではなく、他人に与えられる贈り物となる社会の可能性を提示している。贈与論が現代南・北コリアの関係で大役を果たしている。

取り交わしの過程をただ対等に軽量化するか、もっと多く受けようとする「駆け引き」は「意思疎通」どころか社会を非人間的に「体系化」させる。国益という名の無限競争、平和という名の暴力の奥底には個人的であろうが集団的であろうが自己中心主義が根付いている。自己中心的戦略がどのような形であっても力同士の競争と暴力を産み出す。そうして暴力は循環し強化される。

交流の過程が非暴力でいられるように転換しなければならない。非暴力的行動は相手を肯定した時に可能となる。誰かが先にあげようとする時に可能となる。自己中心的戦略を隠す形式的疎通は暴力を生み構造化させる。片方だけではなく皆が互いにそういう対応的行動を取るからである。

しかし、残念ながら現実ではこのような状況が続いている。このような状況で対話を通じて平和を実現することは簡単ではない。一気に達成できるわけでもない。近い人々同士の日常物語程度ではなく、あらゆる価値観を持った人たちが利害関係で関わっている深刻な案件に対して論議している状況ならなおさらだ。ある「事実判断」に関する主張よりは「価値判断」に関する主張を大主題にする対話は妥協や合意がやけに難しい。事実判断は起きた事実を確認するという、割と単純な行為だが、価値判断は判断する人の認識論、世界観、更には具体的道徳的実践と繋がっているという点でそう容易く合意に至らない。

複雑に縺れた南・北コリアの関係も「価値判断」問題に絡まっている。戦争の衝撃と被害意識、社会主義と資本主義という対称理念、韓－米－日、北－中－露に両分された国際的利害関係が構成員全員に絡まっている。中に入れば韓－日、中－露などの関係も価値判断問題に関わっていて、韓国内のアメリカや中国に対する価値観も様々である。どの側にもっと価値があるかは計算しづらく、それを客観化することは更に難しい。平和指向の交流と協力自体が価値のあることだという認識を広めることが求められる。この認識に基づいた共通の公論の場を確保し続けるべきである。相反された理念による傷と葛藤を縮小しなければならない理由、それに対するそれぞれの合意が必要である。対話の主題が複雑化するほどより多くの人がより長く十分に議論するべきだ。

故に南・北コリア間の交流と協力はもちろん韓国内の対北政策も「熟議（deliberation）」過程と並行して行われるとより良いだろう。熟議とは専門家たちはもちろん一般市民たち多数が参加して特定の問題に対し深く考え、十分に論議する過程である。個人同士の対話行為はもちろん特に公共議題に関する対話のほど熟議の過程が必要となる。ハーバマスのいったように、『討議の場で社会全体と関連し規制が求められる問題に関してある程度に合理的意見形成と意思形成が起きる』からである。

社会体制を見ると、熟議の過程は北朝鮮よりは市民社会が発達した韓国の方が適用されやすいといえる。非人間的「体系」の論理に屈服しまいとする市民の積極的態度が合理的公論の場を形成できるからである。様々な形の対北「贈与」が南と北の交流と協力を導き持続させるという認識を議題化する公論の場を韓国で先立って形成していくべきである。南北交流と協力事業もいわば「熟議民主主義（deliberative democracy）」の一環として受け止める必要がある。熟議の内容と結果と共に熟議の過程そのものが平和の過程であるという認識の拡散も重要となる。熟議だけでも意味深い。熟議を通じた理解の過程に何とか対立勢力の間で接点が見つかるからである。

七、韓国と北朝鮮間の合意事例

以上の過程で見つけられた接点を客観化する方法が「協約文」である。一般的に協約文は客観性を確保するため主に法的な内容が含まれるが、明らかなことは協約文によって双方同意する地点が具体化されるということである。そうして現れる同意の地点が平和の姿である。

もちろんこれは一種の言語的平和もしくは法的平和である。これが平和の全部であるとはいえない。それにも関わらず傷と葛藤が双方、他者間の関係で生まれる物であるなら、言語的もしくは法律的平和は実質的平和への入り口となる。その点で協約の過程そのものが平和の過程でもある。疎通の別の顔としての「平和協定」は葛藤や紛争を終息させるための相互契約で、その契約が平和体制を成立する基礎となる。疎通から妥協が生じて、妥協は戦争を止め、歴史も変えられる。

仮に「七・四 南北共同声明」（一九七二）から「南北基本合意書」（一九九一）、「六・一五 共同宣言」（二〇〇〇）、「一〇・四 南北共同宣言」（二〇〇七）、「板門店宣言」（二〇一八）に至るまで対峙していた南北で有意義な合意文等が発表できた動力は持続的対話であった。一九七一年八月十二日大韓赤十字社から南北離散家族再会のための会談を提議した時に北朝鮮がそれに応じることで「南北赤十字会談」が開かれた。この会談が政治的対話へ繋がり、一九七二年七月四日、分断以来始めて韓国と北朝鮮の間で共同声明が発表された。いわば七・四 共同宣言である。一九七〇年代南・北コリア間には対決状態の中でも対話と協議の可能性を具体化させた時代だったという点で有意義である。実際七・四共同声明で天命した「自主」・「平和」・「民族大団結」という三代原則はそれ以来、南・北コリア間の接触と対話の基本方針として作用している所を見ると確実である。

以上の過程がどれだけ真剣に行われたのかいちいち把握することは難しい。前述した理想的疎通過程をありのまま見せてくれる事例とはいえない。しかし、南北間の接点を作るために数十回の往来と接触があったという事実自体が対話によって葛藤を乗り越えようとした事例であることは確かである。一言で言うと、相互的疎通の結果なのだ。これは現在の北朝鮮核問題の踏み台であると同時に足手まといでもある「ジュネーブ合意」の場合にも同じである。

一九九四年十月一日ジュネーブにて北朝鮮とアメリカの間でいわば「ジュネーブ合意文」が発表された。北朝鮮の IAEA 脱退により韓（朝鮮）半島は実際戦争の可能性で危機状況に迫っていた一九九四年五月~六月、北朝鮮はアメリカで軽水炉を建設してくれるなら核再処理施設である放射化学実験室を解体できるという声明を出した。アメリカのセリグ・ハリソンがまずピョンヤンに向かい北朝鮮の真義を把握した後、ジミー・カーター前米大統領がピョンヤンに訪問しキム・イルソンと会談を行った。カーターがキム・イルソンから核プログラム凍結の意思を確認した上で北・米間の対話は急進展した。これが十月の「ジュネーブ合意」に繋がったわけだ。この合意は北米の間に妥結されたとはいえ、一九九四年の夏に計画していた韓（朝鮮）半島の戦争危機を平和的に納めることに決定的な役割を果たした。ジュネーブ合意は実際履行される過程に限界はあったが、それにも関わらず持続的な接触と対話、合意によって戦争のような危機状況を突破し、武力的暴力を防ぐことに役立ったという事実も明白である。

八、平和の重層性とその仲裁者

平和は直接的・機械的な形では達成できない。一般的には平和の維持（peace—keeping）、造成（peace—making）、構築（peace—building）を段階的に説明したり、時には段階的に作動するとしても実際には複合的か同時的に作動する。「消極的平和（negative peace）と「積極的平和（positive peace）」もまたその概念的違いとは別として実際には分離されていない。これらが融合的に成されることもある。全世界、全人類が同じ段階を進んで行くわけでもない。ある地点で時には一時的とはいえ、不可避に「力による平和維持」が必要な場合もある。しかし、どのような状況であっても暴力と被害がもっと少なくなった次の段階に対する想像を諦めてはいけない。できるだけ有力な者が先に対話を要請して両者間の共通点を見つけながら暴力を縮小していくべきだ。これが積極的平和を創造できる者の慣用的態度である。

金大中（キム・デジュン、一九二四－二〇〇九）大統領時代の対北「太陽政策」がその事例といえる。太陽政策という言葉は北朝鮮の反発とその隠喩的曖昧さで「包容政策」という表現に変更されたが、どの用語であっても「接触を通じる変化」に重きを置いていることは同様である。この変化という言葉には交流と協力を通じて北朝鮮を改革と解放に導きながら、南北の冷戦関係を脱冷戦に転換するという意味が含まれている。それが基本的に南北間の接触を通じた相互理解の拡張と差異の認定を通じた共存の道である。

太陽政策は分断という現実、南北がそれぞれ過ごしてきた時間、ありのままの北朝鮮を先に受け入れることで可能となった政策であった。北朝鮮に向かって先に手を差し出して北朝鮮の肯定的反応を誘導する政策であった。

これが期待したほど実現したものではなく、実際に願った通りに実現することも難しい。当事者たちの間で力の力学関係自体が不平等であったり、物事が複雑に絡まっている可能性もあるからである。そういう時こそ仲裁者が必要である。仲裁者とは単純に対話の相手をテーブルに座らせる役目だけではない。ただ会議の議長や司会者の役割だけでなく、対話を企画・構成し、関係者たちがぶつかり合うことのないよう秩序を整え、共通の解決策が見つかるように助ける役目である。力が不均衡であれば弱者に力を与え対話の均衡を捕らえて行く。特に対話の関係者たちが葛藤関係にある状況のほど、争点を究明し問題を解きながら合意および和解の段階に至るよう調整者役を果たさなければならない。仲裁者は交流と協力を更に促進させる場合もある。

当事者たちが向き合って痛みの原因に対して話せるようにする仲裁者の役割が大切である。韓（朝鮮）半島の平和の案件も同じである。「北朝鮮核問題」は韓国にとっても当面した課題であり韓国もまた核問題を解決すべき確信当事国だが、アメリカが北朝鮮核問題を非暴力的に近づくよう韓国政府が仲裁の役を引き受けることが一つの事例である。北朝鮮とアメリカ間の対話に韓国政府が仲裁者として参加することは北朝鮮とアメリカの間に力の力学関係も違い、両国の対話への熱意も違うためである。同時に北朝鮮がアメリカと対話に出ることで望む平和が切実だからである。北米間対話は南北会話の別の道で、だからこそ韓（朝鮮）半島平和の当事者である韓国が北朝鮮との和解のため北米間の仲裁者役を引き受けるわけだ。こうして平和を積極的に認識する者が仲裁者として、平和を必要とする者が対話を促進させる。

南・北コリア間の交流と協力を通じて平和へと進む道にも仲裁者が必要である。その仲裁者が平和の道を歩くように導く「贈与」の役目を受けることもできる。中国とロシアの間で賢明な外交で生存しているモンゴルに南北交流と協力のための仲裁者役を要請することもできるだろう。金正恩（キム・ジョンウン）が青少年期留学していたスイスや南北両方に近いベトナムがその役を受けるよう「戦略」を組むことも可能である。南・北コリアの間に鉄道を繋げるとロシアにも有益であることを強調しつつロシアに仲裁を願うこともできる。二〇二〇年以来、カトリック信者である文在寅大統領が、韓国カトリック教会およびローマ法王庁と協議し、法王の平壌（ピョンヤン）訪問を推進している。実際に実現すれば、韓半島の平和に少なからぬ貢献をすることになるだろう。どのような方式で行われても、いつかは効果が見られるだろうと肯定的に期待しながら持続的交流と協力の道を歩むべきである。

何より、どのような形であっても南側が先に手を差し出さなければならない。言語的には合意し物質的には交流して「겨레말큰사전（韓民族言葉大事典、韓国語）」のような南北共同事業に拍車を加えられるようにしつつ、南と北共同の歴史教科書発行のような文化的共通性の拡散を計らわなくてはならない。もちろん協同作業の過程で「南南葛藤」（北朝鮮に対する韓国人の立場の違いによる韓国内部での葛藤）を緩和しようとする持続的努

力も要求される。韓（朝鮮）半島が植民地状態を克服する隙もなく外勢により分断され、南と北それぞれ違う政権が成立したが、南も北も分断以前コリョ時代以降だけでも一千百年以上一つの国家であったと言う当たり前の事実に対する共通認識を広げる必要がある。この文の冒頭で述べた平和思想は、例え具体的用語自体は慣れていないとしても、韓（朝鮮）半島の構成員ならその情緒はある程度共感できるだろう。民衆的情緒での南北間距離はそこまで遠くはない。各種の祝祭日の慣例や巫俗、占いのような民間の基層的情緒に目を向けると大して違いもないはずだ。

分断されて以来、南北が対峙することで互いに傷付けたことを認め合いながら、基層的情緒の共通性を確保するための現実的接点を探さなければならない。共に経験した長い歴史的共感領域を拡散させなければならない。これを通じて南・北コリアの間に精神的接点を広く、深く確保しなければならない。こういう協同の努力を通じてこそ、統一の姿も具体的に見えてくる。その過程が物理的であろうと、構造的であろうと、一切の暴力を減らして行く平和の過程でなければならないのは当たり前のことである。

（1） Korean Peninsula のことを漢字文化圏の共有する日本、北朝鮮、中国では「朝鮮半島」と呼び、

韓国では「韓半島」と命名する。現在までこの四ヶ国で同一に共有する漢字の名称はない。韓国人の立場で書かれているこの文では「韓半島（朝鮮半島）」もしくは「韓（朝鮮）半島」の形で併記しようとする。そして表題の「韓国の平和論」で言う「韓国」は単純に韓半島（朝鮮半島）の南側だけに限られるものではない。この際には韓国／北朝鮮の精神・文化的根本である新羅（韓国語シンラ）、百済（ベクチェ）はもちろん中国の満州地域まで統治していた古朝鮮、扶余（ブヨ）、高句麗（コグリョ）など韓（朝鮮）半島の古代国家たちの精神世界を含む。そして韓国内では韓半島（朝鮮半島）北側の地域を「北朝鮮」ではなく「北韓」と言い、「北朝鮮」では韓半島南側の地域を「韓国」ではなく「南朝鮮」と言う。しかし対話のために接したときは互いに「南側」「北側」のような多少曖昧な表現を使っている。一方では北朝鮮、南韓と言う表現が互いに慣れていない訳でもあるが、また別の一方から見ると互いを分離された他国のように見なすよりは、数千年間共に同じ歴史を共有し同じ国家として生きてきた同質感の現れだと言える。

参考文献

キム・ヨンチョル、『70年の対話・改めて読む南北関係史』、パジュ・創批、二〇一八（韓国語）
対話文化アカデミ編、『疎通文化の地形と指向：疎通を生む対話のために』、ソウル・対話文化アカデミ（韓国語）（二〇一〇年）

イ・サムソン、『韓半島の戦争と平和』、パジュ：ハンギルサ（韓国語）（二〇一八年）

イ・チャンス（李賛洙）、『平和と平和たち・平和多元主義と平和人文学』、ソウル・モシヌンサラムドル（韓国語）（二〇一六年）

マルセル・モース、イ・サンリュル訳、『贈与論』、パジュ・ハンギルサ（韓国語）（二〇〇二年）

ユルゲン・ハーバーマス、ジャン・チュンイク訳、『意思疎通行為理論2』、ソウル・ナナム（韓国語）（二〇一五年）

ユルゲン・ハーバーマス、ハン・サンジン他訳、『事実性と妥当性』、ソウル・ナナム（韓国語）（二〇一〇年）

Bouckaert, Luk & Manas Chatterji eds. *Business, Ethics and Peace* (vol.24) Bingley: Emerald Publishing Limited, 2015.

Galtung, Johan, *A Theory of Peace: Building Direct Structural Cultural Peace*, Transcend University Press, 2012.

Johan Galtung: Founder of Transcend International (http://www.transcend.org/galtung/papers.php)

第二部

平和思想と市民社会

第四章　パブリック・ディプロマシーは北東アジアに平和をもたらし得るのか？

――日韓草の根市民の役割と制約を中心に

金敬黙

はじめに

㈠逆行する北東アジアの時間軸

戦後五十年を迎えた一九九五年あたりから北東アジアにおける「記憶をめぐる争い」が顕在化した。一九九〇年代は冷戦が終焉し、またグローバル化が進むなか、国家の垣根を超えて地球的課題に対して政府や企業、そして市民社会がともに取り組む時代になる時期であるはずであった。国民国家や政府そのものは相対化され、欧州連合（EU）やアジア太平洋経済協力（APEC）、東南アジア諸国連合（ASEAN）など地域統合や地域間協力を促進し、相互依存と信頼醸成を基盤としたバラ色の世界を期待する時代としての幕開けであった。

けれども日韓や南北朝鮮、中台や日朝、日中関係のどれをとってみても北東アジアの国際情勢は協力よりは競合、あるいは対立の構図が続き、次第に緊張関係が悪化する方向へと向かっていった。「慰安婦」問題や徴用工裁判をはじめとした歴史認識をはじめ、主権や呼称をとりまく領土・領域紛争が後を絶たない。戦後五十年よりも戦後六十年の東アジア関係が悪化し、戦後六十年よりも戦後七十年のそれが悪化するという構図である。観光やビジネス、留学など人的交流に伴う関係改善とイメージの好転が進む一方で、ナショナルな文脈に回収されるメディア報道は、各国のナショナリズムや愛国心を助長する「プロパガンダ」と化し、一般の人びとはそれらの報道に反応し世論や政策に影響を与える（玄武岩・金敬黙 二〇二二）。

本来、人間にとって記憶（memory）と忘却（amnesia）は負の側面と正の側面を共に持つ。過去を打ち消すことはできないが、過去の悲しい傷を癒し、被害と加害の関係を乗り越えることは、現在と未来を拓く上でとても大切な装置かつプロセスでもある。そのために、記憶と記録、そして忘却はそれぞれの情況や文脈に基づいて作用と反作用を繰り返す。しかし、北東アジア諸国の記憶をとりまくメカニズムは未来志向に向かうことができず、過去の真相解明にこだわり続けている。ここに北東アジアの安定を阻害する大きな構造的課題が存在している（ジョン・ダワー 二〇一三）。

㈡草の根市民とメディアが生み出す摩擦

逆説的ではあるが、このような緊張関係が東アジアの域内で展開している事情には、一九八〇年代末の韓国や台湾をはじめとするアジア諸国の民主化の実現と経済的な豊かさが深く影響している。つまり、冷戦時代にはアメリカの安全保障体制のもとで機能していたが、東西陣営の対立は韓国や台湾などにおける開発独裁を容認し、権威主義体制を支えながら日本や米国など先進国の下請け工場として経済発展を成し遂げてきた。日韓関係においては一九六五年の国交正常化からこの状況が続いたため、「一九六五年体制」と呼ぶ。

しかし、経済的な成長を成し遂げた市民たちは民主主義を強く求めるようになり、また先進国の下請け・裏庭的な状況であった韓国や台湾の経済は半導体、自動車、電子産業などで協力（下請け）関係から競争（対等）関係へと変化した。このような地殻変動が進むなか、中国の台頭、北朝鮮をとりまく様々な課題が一九九〇年代に現れ、同時に市民社会の拡大は日韓においては「一九六五年体制」の見直しを求める声の台頭につながったのである。日本側は、両国の不幸な過去は清算済みであると捉え、過去清算よりも和解の方向で関係維持を期待する兆しが強いが、韓国側は過去問題がいまだ清算されておらず、正義と真相の解明があってこそ和解が実現するという立場である。平和と正義、そして和解のバランスがうまく取れていない背景には、国家間の合意や妥結と草の根市民の納得に隔たりがあるからである。

ヒト、モノ、情報、カネの越境的な移動を土台にしたグローバル化は地球上で進んでいるが、北東アジアの人びとのナショナリズムや愛国心が薄れているとは限らない。むしろ問題が争点化する様々な摩擦をめぐって、それぞれの言語やそれぞれの文化を背負ったナショナル・メディアが結果的に憎悪と不信感を増幅させている。さらに、テレビやラジオ、新聞や雑誌などの古典的メディアに限らず、デジタル時代の新しいメディアは草の根のろ過されない誇張や思い込み、捏造、虚偽の情報を発信しつづけ、自動翻訳や好みの情報を選び抜くアルゴリズム機能は情報を受け取る人びとの分断を助長している。世代間、ジェンダー間、言語間、所得間の分断が深刻化し、「ポスト真実」の時代を生きている。これが北東アジアをとりまく課題の全体像である。

㈢筆者の立ち位置

このような激動の世界情勢をめぐり、筆者は一九七〇年代に日本で生まれ、一九八〇年代から一九九〇年代半ばまで韓国で暮らし、そして、一九九〇年代半ばから現在まで日本で大学院課程に在籍し、NGO スタッフや大学教員として日韓ならびに北東アジアを軸とした平和問題に関連する市民社会の一員として暮らしてきた。

言い換えると、この激動の時代を生きる一人の市民であり、時代を眺める観察者であり、また変革を試みる実践者でもあった。その点、アクション・リサーチやアクティビズム・リサーチなどの方法論を重視しつつ研究と実践、そして学びと実践の相互作用を模索することに着目している。

一、平和とパブリック・ディプロマシーの関係

㈠平和、正義、そして和解をとりまく緊張と調和

このような北東アジアの不安定な情勢を踏まえたうえで、本章では北東アジアの平和を促進するために「パブリック・ディプロマシー」という概念がどこまで有益であるのかという視点に基づいて考察する。そのためにも、平和、正義、そして和解の関連性についてもう少しだけ基礎的な概念整理を行うことにしたい（Cull 二〇一九）。

まずは、平和という概念について考えてみよう。平和（peace）とは多くの人びとにとって、戦争をはじめ物理的な暴力がない状態を指す。この物理的暴力や戦争の不在を平和学者であるヨハン・ガルトゥング（Johan Galtung）は消極的な平和であると捉えた。そして、物理的（直接的）暴力の概念以外にも、差別や貧困、疾病や人権侵害など目には見えないけれど一人ひとりが本来発揮できる潜在能力（capability）に制約を加える状態

を構造的暴力（structural violence）として捉えた。すなわち、平和学は戦争などの直接的な暴力をなくすことだけではなく、構造的暴力を根絶することまでを模索する実践であり研究である（ガルトゥング 一九九一）。

けれども複雑な問題がここにある。平和という多義的な概念が、正義（justice）や和解（reconciliation）など、似て非なる概念によって、互いの価値衝突や緊張関係を生み出す点が一つの例である。既に日韓関係や北東アジア諸国の和解の現状において触れたが、正義を重視することが平和の実現なのか、和解を優先することが平和の実現なのか。この二つの類似する、または隣接するアプローチが時と場合によって対立構図を生み出すのである。

したがって、このような利害関係の調整を国家レベルや草の根レベルがどのように取り組むべきかが真剣に問われはじめており、またその際にパブリック・ディプロマシーという手段・方法がどこまで有益な効用を生み出せるのかについて批判的に考察することが本章のねらいである。

(二)斬新ながらも曖昧なパブリック・ディプロマシー

パブリック・ディプロマシーの定義について確認してみよう。日本の外務省などのウェブサイトを参照すると、「伝統的な政府対政府の外交とは異なり、広報や文化交流を通じて、民間とも連携しながら、外国の国民や世論に直接働きかける外交活動のことであり日本語では『広報文化外交』と訳されることが多い」とされている（外務省ウェブサイト二〇二一）。

このパブリック・ディプロマシーという概念が注目を浴びるようになった歴史はいまだ短い。古くから、宣伝、広報、プロパガンダなどの概念は、戦争や征服、支配を行う上で有効な方便として活用されてきた。しかしパブリック・ディプロマシーはそれらとは似て非なるものとしてポスト冷戦期に注目され始めた。

一九九〇年代のポスト冷戦期の時代になると、市民社会や市民の役割が重視されるようになり、またグローバル化の波に乗ってヒト、モノ、情報、カネの越境的な移動が活発になった。メディアをとりまく状況も一変し、草の根市民が手軽に情報を発信することが可能になり遠く離れた世界の情報を簡単に入手できる利便性が増すと同時に、虚構に満ちたフェイクニュースが多くの問題を生み出すようにもなった。このような変化がパブリック・ディプロマシーやソフト・パワーなどの概念に着目するようになった直接的な契機であったと言っても過言ではない。要するに、パブリック・ディプロマシーのアクターは国家や政府のみならず、非国家アクターや一人ひとりの市民などまでが含まれるようになり、グローバル時代における草の根からの情報が重要な要素として扱われるようになったのである（ジョセフ・ナイ二〇〇四、Cull 二〇一九）。

㈢パブリック・ディプロマシーとプロパガンダの境界線

パブリック・ディプロマシーに関する研究は徐々に増えてきてはいるが、いまだパブリック・ディプロマシーの効用を実証的に扱ったものはほとんど見当たらない。代わりに、諸国政府の外交政策や文化交流事業などにおいてパブリック・ディプロマシーの理念や価値が一方的に謳われる場合が多い。とはいえ、パブリック・ディプロマシーが理想主義的な夢想にすぎるというわけではない。いまだパブリック・ディプロマシーと関連した学術的な研究は発展途上であり、具体的な事象の数も限られているが、文化・学術交流や国際世論・報道、そして国際協力・開発などの重要性は政策決定者、研究者、メディア関係者、市民社会アクターを含む様々な当事者にすでに認知されている。

ニコラス・カル（Nicholas Cull）はパブリック・ディプロマシーが構成している基本要因として①傾聴（情報収集等）、②アドボカシー、③文化交流、④交流事業、⑤国際放送を取り上げ、また⑥国家ブランドなどについても着目している（Cull 二〇一九）。

北東アジア諸国ではどのようにパブリック・ディプロマシーを位置付けているのだろう

か。中国や韓国では「公共外交」という漢字用語に訳して使われており、どちらかというと政府等の公的機関を主たるアクターとして捉える傾向も否めない。日本では「パブリック・ディプロマシー」というカタカナ表記のまま使われており、主に文化外交や広報外交を重視しながらも、徐々に市民外交や民間外交の文脈も普及・定着しつつある。実際、英語圏においても概念の文脈的な解釈は異なっており、実際にカナダ、英国、米国等の外交政策のニュアンスも微妙に異なるのが実情である。

先に述べたとおり、プロパガンダとパブリック・ディプロマシーの違いはある側面では主観的な解釈に依拠するが、それでも前者が特定国（勢力）から一方的に流される情報に基づき、また思い込みや扇動を促すねらいでそれが活用されるとしたら、後者は事実をベースにしつつ双方向の意見交流や認識の共同構築を目的としていると区別できるだろう。このようにパブリック・ディプロマシーがプロパガンダとは明らかに異なるものでありながらも、外交関係や歴史認識で摩擦が起きる事案においては、その線引きがますます困難になる。たとえば、領土紛争が起きている竹島（日本名）・独島（韓国名）において、それぞれの政府がその立場を知らせる広報動画を世界に発信したとしよう。日本側は韓国の動画をプロパガンダであると捉えるだろうし、韓国側も日本の動画をそのように位置付ける。結果的に、周辺諸国や国際社会を相手にパブリック・ディプロマシーに力を入れれば入れるほど、事実上のプロパガンダ合戦が過熱するような構図が見えてくる。

「平和の少女像」問題で見えるように、戦時下の性暴力問題を訴える普遍的なイシューが日韓両国の歴史認識の違いだけに回収されてしまい、また草の根市民が発信する情報やメッセージ、さらに映画やドラマのストーリー構成や芸能人の言動が事実誤認であったり、配慮に欠けていたりするために、思わぬ形で外交摩擦や国民感情が悪化する結果を生み出すことについても真剣に捉えるべきであろう。

㈣パブリック・ディプロマシーのアクター（主体）とアリーナ（領域）

ニコラス・カルをはじめパブリック・ディプロマシーに関する概念を学術的に捉えた研究を活用しつつ、パブリック・ディプロマシーの主体と領域について具体化してみよう。いまだ発展途上のパブリック・ディプロマシーではあるが、それでも二十一世の今日には政府関係者の公式的な外交に限らず、市民や企業、メディア、大学、自治体など中央政府とは一線を画す主体が中心となって展開する現象に着目することが大切である。

なかでも新しい価値の提唱が草の根市民から行われていることは注目に値する。環境活動家であるスウェーデン出身のグレタ・トゥーンベリさんをはじめ、MOTTAINAI（もったいない）という言葉を世界に定着させたケニア出身のワンガリ・マータイさんもその代表的な例にあげられる。さらに一九九七年にノーベル平和賞を受賞したICBL（地雷廃絶国際キャンペーン）やICAN（核兵器禁止国際キャンペーン）などの市民社会的なアクターの例もパブリック・ディプロマシーを進める代表的なアクターの例であろう。

パブリック・ディプロマシーのアクターを考える上で難しい点の一つは、あるアクターの行動がパブリック・ディプロマシーを意識した意図的な行為（事業や政策）であるのか、それとも結果的にパブリック・ディプロマシーに何らかの影響を起こしてしまう意図せざる結果（現象）にすぎないものなのかという点の判断であろう。

世界的な韓流スターであるBTSは多くの人びとにその存在が知られている。BTSは国連演説などを通じて世界の若者や「アーミー」と称されるファンたちに多大なるインパクトを与えるためグローバルイシューの親善大使的な役割を果たす。しかしながら、時と場合によって彼らの言動が国際関係に緊張感をもたらすこともある。

一例としてBTSメンバーのひとりが二〇一八年十一月、「Patriotism, Our History, Liberation, Korea（愛国心、私たちの歴史、解放、コリア）」いう英語とともに原爆のキノコ雲の写真がプリントされたTシャツを着て物議をかもした出来事があった。また二〇一七年には同じくBTSがナチスの帽子を連想させるようなファッションで公演を行ったためにユダヤ系団体の抗議を受けた。同様の問題は、日本でも発生し二〇二〇東京オリンピックの開会式の関係者がユダヤ人を卑下するようなお笑いのネタを過去に作ったり、女性の容姿や尊厳を卑下する発言で次々と降板したことも、結果としてパブリック・ディプロマシーに影響を及ぼす事案である。

その上で、筆者は三つのアリーナ（領域）におけるパブリック・ディプロマシーが北東アジアの平和問題で重要な役割を果たしていると捉えている。

一つ目のアリーナは、国際文化・学術交流の領域である。日本のパブリック・ディプロマシーはこの国際文化・学術交流を中心に展開してきたと言っても過言ではない。文化外交などとして呼ばれることもあるが、文部科学省をはじめ外務省、そして多くの政府機関が国際文化交流に力を入れている。なかでも国際交流基金（Japan Foundation）は、国際文化交流を専門的に遂行するために一九七二年に設立された組織であり、アジアセンターという組織を通じて北東アジア関係や ASEAN 諸国との関係強化に努めてきた。

韓国も一九九一年に韓国国際交流財団（Korea Foundation）を設立し、過去三十年間パブリック・ディプロマシーや知的交流事業に取り組んできた。また韓国学中央研究院などの研究・教育機関を通じて朝鮮半島研究の世界的な普及に取り組んでいる。中国の孔子学院なども同じ役割を果たしている。

政府系組織による国際文化・学術交流の事業以外にも、自治体の姉妹都市交流や学校単位、宗教組織単位の交流・研修事業は古くからおこなわれてきた。このように民間セクターの領域に属する市民や市民社会が主たるアクターやエージェントとして認められることに、パブリック・ディプロマシー概念の意味が含まれる。

二つめのアリーナ（領域）は国際世論と報道の分野である。NHK などの公営放送は海外のホテルやお茶の間でも視聴することが可能である。また韓国においても中国においても国際放送や英語番組を海外のホテルやケーブルネットワークで視聴することが可能である。中国や韓国の新聞社は日本語でも記事を発信しているし、テレビ局や新聞社なども You Tube チャンネルを解説し情報を発信している。さらに、Netflix や Amazon などのチャンネル購読を通じて韓国ドラマ、日本のアニメ、中国の映画やドラマを容易に視聴することが可能となり、それ自体が国家のイメージとブランドの向上に直結している。ただし、同時にプロパガンダ合戦がこの国際世論と報道の領域で展開されていることを忘れてはいけない。

そして三つ目のアリーナ（領域）は、国際開発・国際協力の領域である。日本は従来から政府開発援助（ODA）などを通じて国際協力や開発に携わってきた。アジア諸国に対する ODA 政策は単なる国際協力や開発にとどまらず、過去の清算をめぐる賠償・補償・経済協力などのオプションの一つとして機能してきたこともなかなか知られざる事実であろう。他方、韓国は一九九〇年代半ばにOECDへの加盟を果たし国際協力や開発にも関わるようになった。日本の場合は国際協力機構（JICA）や国際協力銀行（JBIC）をはじめとする政府機関をはじめ、一九八〇年代のカンボジア紛争以降、急激に成長した日本の国際協力NGOの展開が目立つ。

韓国の場合は、一九八〇年代末の民主化以降、市民運動やNGOが社会運動の伝統を引き継ぎながら次々と誕生した。参与連帯や経済正義実践市民連合など代表的な市民社会組織が生まれ、また対北朝鮮人道支援活動に関わるNGOが一九九〇年代以降に増加した。今では国際協力と開発に関わるNGOも増えている。

したがって、以下二から四では、それぞれ三つのアリーナにおける日韓のパブリック・ディプロマシーの複雑な関係を日韓の政府系機関や市民社会の意図した事業や政策の取り組みについてもう少し具体的に掘り下げてみたい。

二、国際文化・学術交流

㈠国際文化交流を推進する組織の設立

一九四五年の第二次世界大戦の終わりは「冷戦」という新しい世界秩序で分断を生み出した。一九五二年に主権を回復した戦後の日本はアメリカとの関係を重視するなか、高度成長期の波に乗り一九六四年の東京オリンピック、一九七〇年の大阪万博、一九七二年の札幌冬季オリンピックなど国際的なイベントを次々と開催し戦後の復興を見事に成し遂げた。一九七二年には沖縄が本土に復帰し、また日中国交正常化も実現した。

しかし、第二次世界大戦や日本軍の占領が一九七〇年代になっても終わっていないことを如実に表した一つの事件があった。それは田中角栄総理大臣が東南アジアを訪問した時に激しい反日デモに出くわしたのである。日本の戦後の復興と繁栄は、アメリカの核安保の傘のもとで、朝鮮戦争やベトナム戦争などアジア地域の不幸な出来事の代償として成り立っていた。同時に、東南アジア諸国においては、戦後補償が賠償放棄や経済協力などの形で進んでいたにせよ、その地に暮らす人びとの心を癒し、過去を克服し、和解のプロセスへと歩む方向には向いていなかった。東南アジアでの反日デモの衝撃は一九七二年の国際交流基金の設立や一九七四年の「東南アジア青年の船」事業の開始、東南アジア教育大臣機構（SEAMEO）への出資など、外交における国際文化交流事業の展開へとつながったのである。一九七〇年代以降、アメリカや西ヨーロッパ重視だった日本外交が、次第にアジアを含めて重視する多重外交へと拡大するきっかけとなった。

他方、韓国の場合はそれから約二十年後の一九九一年に韓国国際交流財団が設立された。一九八七年の民主化宣言や一九八八年のソウルオリンピックの開催、そして一九八九年の東西冷戦の終息に伴い、一九九一年九月には南北朝鮮が国連に当時加入することになった。このように、ポスト冷戦期における新しい国際秩序と南北の和解を模索するムードのなか、過去の南北の体制競争を脱却し、新しい韓国のイメージを国際社会に伝える必要性が高まった機運として韓国国際交流財団が誕生したとみれるだろう。現在韓国国際交流財団は二〇一六年八月に制定された「公共外交法」に基づいてパブリック・ディプロマシーを推進する政府機関として活動を展開している。

このようにパブリック・ディプロマシーの誕生背景は国内外の政治・外交的な環境の変化に伴って模索されており、政治、経済分野のみの交流だけでは今日の国際関係や対外政策がスムーズに進まないことと深く関連している。

㈡国際関係に左右される政府系機関の脆弱性

パブリック・ディプロマシーは短期的な国益を重視するのではなく、中長期の視座から相互信頼と平和的な関係を構築することが何よりも大切である。そのために、民主主義や資本主義、人権や平和などの価値規範を共に共有する国家間のパートナーシップを促進し、異なる価値や対立する規範をめぐっては対話と交流を通じて解決を模索することが重要なアプローチとなる。

既に述べた通り、「一九六五年体制」から二十世紀後半まで日韓はアメリカが主導する安全保障と市場経済の枠組みのなかで共に共存体制を構築していた。けれども結果的には韓国の民主化と経済成長、そして南北の和解をめぐるアプローチが日韓関係や北東アジアの秩序を見直す歪みとして登場したのである。

日本の国際交流基金のアジアセンターの活動の転換がこの変化を如実に表す。アジアセンターは第一次と第二次の活動に分けることができるが、この二つの活動方針にはかなり大きな変化がみられる。第一次アジアセンターが発足は一九九五年の村山内閣が提唱した「平和友好交流計画」に基づき、アセアン文化センターを改編することによって行われた。アセアン諸国との関係のみならず、日中韓の北東アジア三か国の交流や有効にも積極的な役割を果たす事業が数多く展開された。そして、第二次アジアセンターは前年東京で開催された日・ASEAN特別首脳会議で発表され、二〇一四年四月の国際交流基金内の特別ユニットとして再スタートした（国際交流基金 二〇二〇・一三一－一二六）。

このアジアセンターの再編には北東アジアをとりまく国際情勢が大きく作用する。要するに、第一次アジアセンターが日本とアジア地域の和解と平和を網羅するアプローチとして事業や政策が施されたものであるとしたら、第二次アジアセンターは、ASEAN地域をめぐる日中韓の三か国の競合的な関係性が見え隠れする。つまり、協力関係のためにあったアジアセンターの役割が競合と競争を軸にした外交政策に「後退」したという見方が可能である。二〇一三年以降の安倍政権以降の北東アジア情勢は歴史認識、安全保障問題、貿易摩擦などをめぐって常に緊迫した状態であるが、その外交状況が国際交流基金のパブリック・ディプロマシー政策に反映されているのであれば、それは第一次アジアセンター時代よりも後退したとも言える。

㈢文化の開放と言語学習がもたらすインパクト

国際交流基金や韓国国際交流財団など政府系機関の国際文化交流事業が活性化すること以上に、民際交流なかでも大衆文化を通じた相手国理解や相手国のイメージ向上が生み出す力は計り知れないほど重要である。

早くから韓国では、日本に対する複雑な心境と姿勢が存在している。それは歴史的な状況においては植民地の支配者と被支配者という状況に始まり、その時代における様々な不幸な出来事に関する両国政府や両国民の歴史認識上の隔たりが深刻であった。他方で、韓国経済は日本や米国の影響下に置かれ、韓国の経済成長は日本の豊かさと切っては切れない関係でもあった。韓国人は豊かな日本の暮らしを複雑な気持ちで眺めていたのである。

そのような状況の中で、一九九〇年代までは、韓国において日本の大衆文化が禁じられていた。表立っては低俗な大衆文化の規制であったが、様々な要因が作用していたことは明らかである。たとえば一つには日本に対する歴史的な関係からの反発があり、もう一つには韓国の文化産業の保護という側面もあった。また、権威主義体制の韓国において日本のメディアで報じられる韓国の状況が韓国内に報じられてしまうと不都合であったからだ。

だからと言って、一九九八年の日本の大衆文化の開放までに韓国民が日本の大衆文化に全く触れてこなかったわけではない。表面的な禁止は、大衆文化のアンダーグラウンド化と密輸化を促進し、海賊版のアニメやマンガそして日本のポップ歌謡などを好む韓国の若者たちを数多く生み出していた。日本文化を「倭色文化」と取り締まれば取り締まるほど、日本文化にあこがれる人びとは水面下で増えていった。一九八〇年代または一九九〇年代の初めまではかつての日本の暮らしは韓国よりもはるかに豊かであり、追いつくべき、追い越すべき目標であったことは疑うまでもない事実である（金成玟 二〇一四）。

戦後からしばらくの間、大韓民国や朝鮮半島のアイデンティティを確固たるものとして樹立するために植民地時代との断絶が不可欠であり、結果的に日本語や日本文化、日本的なものは排除や禁止の対象になっていたのだが、それとは裏腹に日本語で教育を受け日本文化に馴れ親しんでいた世代も確かにいた。また、冷戦構造のなか、すでに述べた通り、韓国にとっての国際社会への玄関口は米国や日本であったため、日本というゲートを通じての情報往来が様々な側面で合理的であった（木村・田中・金二〇二〇）。

それは日本語学習者の需要という側面においても確認できる。日本語学習者の推移は日本文化へのあこがれだけでは説明できない。経済活動の様々な情報が英語や日本語で韓国に届くが、日本語のほうがより的確にかつ迅速に韓国人に伝わるという利便性があるからだろう。高校における日本語学習や私営の日本語学校の増加という推移でも現れた。韓国の高校では英語以外の第二外国語を学習するカリキュラムが組まれており、伝統的にはドイツ語とフランス語は採択されていた。長年にわたって、理系はドイツ語、文系はフランス語というステレオタイプのカリキュラムが組まれていたが、一九七三年以降は日本語も選択肢に含まれ、今では中国やスペイン語までが含まれている。受験大国の韓国人にとってみれば日本語学習は様々な面で効率的であるため、フランス語やドイツ語、スペイン語、中国語と比較して日本語を学習することは実用的な面でも受験対策という面でも好まれたのである（金孝子 一九九六）。

他方、日本における韓国のイメージは、南北の分断と対立、そして独裁政権、さらにキーセン（売春）観光の訪問先など限られた情報にすぎなかったが、一九八〇年代後半の民主化やオリンピックが韓国のイメージを大きく変えた。そして、二〇〇三年以降韓流ブームが日本で起きて以来、韓国に関する文化的な交流は政治的な緊張関係の悪化を超えて持続している。

㈣韓流時代にみる政治と文化の乖離現象

一般市民や草の根市民社会、市場セクターの行動は、意図的な企画と事業に基づくものと、意図しない様々な行為がもたらす現象に大別される。

日韓関係の場合、二十一世紀以降現在まで第一次から第四次までの韓流ブームが意図しない現象として大きな影響を及ぼした。その結果、コロナ禍以前までは多くの観光客が韓国を訪れ、そして韓国語を学び、韓国へ留学したり、また就職をするという二十世紀には起きていなかった現象が日本人、日本社会で起きた。

他方、韓国側は日本文化の開放に伴い、日本を訪れ、また日本語を学び、日本との関係を強化しつつも日本に対する眼差しは韓国のグローバル化が進むにつれて相対化されるようになったとも言える。つまり、日本は数多くの先進文化として位置付けられつつも、韓国人にとっての日本のプレゼンスは弱化する傾向が見え、日本留学などの魅力も下がりつつある傾向である。

とはいえ、大学等における学術交流そのものが減少傾向になっているわけではない。北東アジア諸国のグローバル化は姉妹校や協定校の増加という結果につながり、半年や一年単位の交換留学生や短期プログラムを軸にした相互訪問などが文部科学省や関連諸国の教育・研究機関のスキームとして設けられている。このような共通学習を進める制度は英語で行われる場合が多く、英語プログラムに参加できる能力を有した北東アジア地域の次世代たちの層が限られているという課題が提起されている。大学院レベルになると、日本学、韓国学、中国学などの奨学金制度が数多く設けられているが、北東アジアの政治関係によって相手国への留学や専門分野の選択に影響を与えていることは具体的な検証と対応を必要としている課題であろう。

民間レベルにおける日韓における最大の文化交流現象は、二十一世紀に入り韓流現象が大々的に起きたことである。日韓の大衆文化の開放政策が韓国文化の衰退と「倭色化」をもたらすのではなく、むしろ日本社会における韓国の K-Culture が日本の若年世代そしてジェンダー的には女性に対して圧倒的な影響力をもたらす傾向が表れた点だ。コロナ禍以前までは多くの人びとが韓国を訪問し、韓国文化を消費するようになった。韓国語を学ぶ人の数が圧倒的に増加し、韓国留学や韓国での就労を希望する世代も急増した。大学におけるサークル活動には K-Pop の歌やダンスのコピーグループの数も急激に増えている。韓国っぽいことを「韓国っぽ」と呼ぶ造語が生まれ、ジェンダーを超えて韓国ファッションに影響を受けることがトレンドと化している。

その他方で、世代間、ジェンダー間の乖離現象も顕在化した。韓国や周辺諸国にたいする優越感や不信感を抱く人びとにとって、韓国ブームは否定したい不都合な真実であり、家族内などコミュニティ内部の分断が生じる傾向が見えている。と同時に、韓流ブームそのものが日韓関係の改善を施すパブリック・ディプロマシーの役割を果たしているだろうか、という問いについて考察するのであれば、すでに述べたBTSの原爆Tシャツの炎上事件で明らかにされるごとく、文化交流そのものは諸刃的な存在である。

三、反日、嫌韓時代の日韓メディア

(一)ジャーナリズムの衰退と疑似ジャーナリズムの登場

情報技術の発展によってメディアをとりまく環境は日々変化している。二〇〇〇年から二〇一五年の間、日本人の一日の平均テレビの視聴時間は三時間以上から三時間未満へと減少する傾向に置かれている（総務省 二〇一九）。しかし、年代別にその推移をみると、六十代が横ばい傾向にある反面、十代と二十代の減少が著しいことが分かる。

その結果、広告収入を軸とするテレビ業界の変化も著しくなった。かつてBS放送やCS放送でしか観ることのなかった健康食品などの広告を地上波の局でもみることができるし、昼の「ワイドショー」と呼ばれる情報番組では芸能人のゴシップの暴露にとどまらず、韓国や中国、北朝鮮との関係を扇動する形で報じる番組も見えてくる。加えて、ある時間帯ではどのチャンネルを観てもお笑い芸人たちが集団で出演しテレビチャンネルの「吉本興業化」が著しい。報道（ジャーナリズム）と芸能の境界が曖昧であり、どの局にしてもナショナリズムを煽るような設定で日本のすばらしさを露骨または間接的に強調する番組編成が目立つ傾向にある。

新聞メディアにおいても販売部数が激減し、若者たちはスマートホンを通じて簡単に伝わる程度の情報のみを好む。AIはユーザーが好む情報を抽出し繰り返し同じ論調やスタンスの情報を送り出す。気がつけば、ジェンダー、世代、政治的な価値観や経済所得などによって複数の情報を受け取るユーザーの分断（デジタル・デバイド）が起きている。

メディア環境の商業主義とナショナリズムはジャーナリズム（報道）の世界にどのような影響を及ぼしているのだろうか。「表現の自由」や「言論の自由」の精神に基づき、ジャーナリズムは権力のウォッチドッグとしての役割を果たす必要がある。

「国境なき記者団」が発表する世界報道自由度における北東アジアの状況は年々悪化の一途をたどっている。二〇二〇年の指標を参照するかぎり、ノルウェーの一位にはじまり、フィンランド、スウェーデン、デンマークと北欧国家が上位にならび、北東アジアは韓国が四十二位、台湾が四十三位、日本が六十七位、モンゴルが六十八位、香港が八十位、中国が一七七位、そして北朝鮮がランキングの最下位の一七九位になっている（Reporters Without Borders 二〇二一）。

㈡市民メディアの挑戦と課題

韓国のメディアは権威主義時代に弾圧を受け、一九八七年の民主化以降にジャーナリズムの権利を回復した経緯がある。『ハンギョレ新聞』の誕生は民主化の象徴的なものであるとも言えよう（森類臣 二〇一九）。しかしながらその後の状況が順風満帆であったわけではない。一つには韓国世論が保守と革新に分かれているようにメディア産業も保守系と革新系に分かれている。そして、どちらの陣営のメディアもナショナリズムに依拠する論調や色彩が他国のメディアよりも色濃く表れる傾向がある。特に日本と関連したニュース報道においてはナショナリスティックな論調が目立つが、そこにおける「反日」は日本の植民地時代の未解決課題を指すことが多く、戦後の日本社会のあらゆる側面を否定しているわけではない。

韓国の日本報道を敏感に受け止め、センセーショナルに報じる姿勢は日本のメディアの課題としても考えるべき点だ。その意図が視聴率の安定した確保にあったとしても、一つにはその姿勢が問われ、またもう一つにはそれが「嫌韓」現象の引き金になってしまうリスクがあるからだ。

このような「反日」「嫌韓」は組織化したメディア産業だけの話ではない。デジタル・メディアが発達した今日は反日や嫌韓を意図的に流し、その刺激的なスタンスからアクセス数を増やし注目を浴びたり経済的な利潤を模索するような個人レベルのユーチューバーなども増加している傾向である。

民間セクターの個々人が自由に情報を発信し、それを人びとが自由に消費する時代に問われることは、世間に氾濫するさまざまな情報が事実に基づく内容なのか虚偽に基づいていたら歪曲された解釈なのかを見抜くリテラシー力であろう。

これは政府や自治体、研究機関などが発信するメディア情報や学術情報が論争を引き起こし結果的にプロパガンダとして受け止められてしまう事象においてはより慎重なアプローチが必要となる。

(三)「伝統文化」の由来と国民国家

日韓をはじめ北東アジアや世界中の人びとは以前よりも簡便に、そしていつでも世界中のメディアに触れ、また海外文化を享受することが容易な時代に生きている。その結果、欧米文化を享受する近代化の時代から、日韓や北東アジアの文化を世界中に発信し、世界中の人びとが日韓や北東アジアの文化に熱狂する現象が起きた。

そこで考えなければいけない点がある。それは、文化にも果たして「国籍」があるのだろうかという点である。韓流を例に考えてみよう。K-Pop のアイドルユニットに韓国人以外の国籍者が参加する例は今では珍しくない。芸能プロダクションは世界進出を意識して、意図的に多国籍メンバーでユニットを企画・構成したり、外国語を熱心にまなび日本や中国、東南アジア市場をはじめ欧米進出を準備する。その場合、中国、韓国、日本、タイなどのメンバーで構成されるアイドルユニットは果たして「韓流」アイドルなのかそれとも「韓流風」アイドルなのか。何をもってKやJ、そしてCは決まるのだろうかという国民国家や国民の境界線について考える必要性が生じる。

この種の曖昧さは二〇二一年に Netflix を通じて世界的なヒットを果たした「イカゲーム」という韓流ドラマを通じて如実に表れる。イカゲームというドラマにはかつて韓国のこどもたちが遊んでいた「伝統的」なゲームが登場する。しかしそこには朝鮮半島固有または由来のものではなく北東アジアで広く共有されている遊びがいくつか目立つ。そんななか『日本経済新聞』のソウル特派員が二〇二一年十月二十九日付の記事で「韓国ドラマ『イカゲーム』が映す日本の残影」という内容を配信したら、韓国の『世界日報』は同日に「日本メディア、『イカゲーム』に登場するゲームが日本のものだと主張」という記事を報じ不快感を露わにした。韓国語でこの件を検索するとネット上には少なからずの投稿が目立つ。

中国から多くの文化や文明が渡来した朝鮮半島や日本列島において、「伝統」を一五〇年前に始まった国民国家システムに基づいて線引きすることには多くの矛盾や問題があることに気づくべきだ。そして、日本の植民地期には多くの近代文化が日本から伝わりそれが二十世紀の朝鮮半島の文化として日常的に普及した。「イカゲーム」に登場するゲームの由来を日本、韓国、中国などの国民国家からその起源を模索することは北東アジアの長年の文化交流の実態に鑑みれば、それはあまりにも浅はかな視座に基づくものであると筆者は考える。

四、国際協力・開発分野の連帯を求めて―開発は誰のためにあるべきなのか

㈠国際協力と開発分野における遠い市民の存在

国際協力や開発は政府開発援助（ODA）などの枠組みにとどまらずNGOや国際ボランティアなど非国家アクターによる役割が重視されて久しい。コロナ禍前までにおいては、平和や環境保全をテーマにしたスタディー・ツアーやテーマ旅行も旅行会社の商品として増え続け一般市民が短期間の海外旅行を通じて体験型国際協力に参加することが増えてい

た。

それでも国際協力や開発は、一般の人びとにとってみれば遠い世界の問題である。大学の授業で国際協力や開発関連の授業に携わる筆者であるが、このテーマに関心を示す学生たちはいまだ全体の一部であり、またジェンダー的には男性たちの関心が著しく低いという肌感覚を持っている。NGOスタッフのジェンダー比率をみてもこの点は明らかである。つまり、国際協力や開発分野における職業の選択肢もせまく、そして日本や韓国に限って言えば、職業として選んでも安定的な収入が期待できないという状況から敬遠されてしまっている傾向があるのかもしれない。職業選択とジェンダーの関連性が収入という側面で決まるというのであれば、ジェンダー差別の改善の側面においても、また国際協力や開発分野の拡大という側面においても深刻な問題である。

さらに、いまの若い世代はバブルが崩壊した時代に生まれ、そして新自由主義経済の影響から将来に対する不安が計り知れないほど深刻な時代を生きていく世代である。自らの将来が不安定・不透明であるというリスクを抱え、また日本の至る所にも社会的な弱者や課題があることを目の当たりにしている世代たちが、身近の社会的課題よりもアジアやアフリカの国際協力や開発に関心を抱くことを期待することは簡単ではない。

そこに追い打ちをかけるものは、国際協力や開発のトレンドが変わりつつある点だ。言い換えると、日本や韓国のNGOが現地にスタッフやボランティアを派遣し、海外の本部が企画したプロジェクトを現地で遂行するアプローチよりも現地の人びとが参加、企画立案し、自ら主体として進めるアプローチが重視されるようになっている。当然海外から現地へ派遣されるNGOスタッフやボランティアの役割は限定的になる。現地の文化や言葉、歴史や政治情勢を十分に把握しないまま日本語や英語しか駆使できないスタッフやボランティアが現地で国際協力や開発に関わることはもう一つのネオリベラリズムであるという批判があり、欧米的価値としてのデモクラシーと資本主義を無理に押し付けるという弊害についての議論が最近の開発研究や平和研究では自省的になされている。

㈡東南アジア等における並行線と潜在的な競合

このように国際協力におけるアプローチの変化が徐々に再考されるなかでも政府が軸となる国際協力は経済成長や市場確保などの新自由主義経済を主軸に捉え続ける。政府開発援助（ODA）という名目で日本や韓国の国際協力推進機関はダム、高速道路、高層ビルをはじめ中には原子力発電所の受注をめぐり先進諸国間の競争を展開している。インフラ産業は生活レベルの向上をもたらす上では欠かせない開発事業の側面であると筆者は考える。

けれども行き過ぎた開発、または社会のあり方をどのように企画しデザインするかは現地の人びとによって主体的に検討される事案であるが、現在の国際社会における国際協力や開発の仕組みは大型ゼネコンや大手メーカーとつながる政府系機関が他国と競争する形での開発事業の遂行が進んでいるという印象も否めない。

日本と韓国の経済構造が競争関係に置かれている現在、政府開発援助（ODA）はもちろんのこと、NGOや国際ボランティアたちが展開するアプローチも同じ構図に置かれている。現地で日本語や韓国語を教える学校の教員としてボランティアに携わる人びとの意図は善意であるかもしれないが、日本語や韓国語を学んだ東南アジアの若者が日本や韓国で技能実習生として経験する近未来の人生はジャパニーズ・ドリームやコリアン・ドリームを彼ら・彼女らに与えることなのか、それとも差別や人権侵害に加担してしまう構造的暴力の加害者になるのかについては真剣に考えなければいけないという課題が残る。

㈢日韓の共通課題をどのように模索できるか

このような課題を改善させるためには国民国家単位の競争関係を見直し、地域や世界の共通課題について共に考え、共に取り組む姿勢が必要であろう。そのためにはもう一度原点にもどって、人権や平和、豊かさや地球の保全や持続可能性などという本質的なテーマについての問題意識を共有する必要がある。

さらに、歴史や文化、言語をはじめとする相互理解の取り組みが大切になる。国際文化交流・学術交流の必要性、さらにナショナリズムを乗り越える相互理解や世界の共通課題についての分析が求められることになろう。

すでにこのようなアプローチで日韓市民社会の協力と連携が進んでいる事例は少なからずある。一九九七年に締結された「対人地雷全面禁止条約」（オタワ条約）の成立に貢献した「地雷廃絶国際キャンペーン」（ICBL）は世界各国のキャンペーンで構成されているが、その日本キャンペーンや韓国キャンペーンは共に協力をしつつ朝鮮半島の地雷問題に関する合同調査を行ったりする活動に取り組んでいる。

その他にも「北朝鮮問題」「原発汚染水海洋放出問題」など地域の共通課題に関する日韓の取り組みは次第に増加している。それぞれの国や地域で展開されている活動がつながっていくことが市民社会に必要な重要なアプローチであるため、ネットワークを形成し、それが続くためにはどのような課題を乗り越えるべきなのかについて検討する時期でもある。

おわりに

以上、本章では北東アジアの平和を模索するために市民社会や草の根市民が取り組むべき課題や姿勢についてパブリック・ディプロマシーという視座から考察してみた。パブリック・ディプロマシーという概念がいまだ十分に定着していないという側面もあるが、国際文化・学術交流の歴史は古く、またメディアをとりまく課題や国際協力・開発分野の状況も限られた範囲ではあるが紹介してみた。

三つのアリーナに優劣や軽重はないが、草の根市民にとって重要な優先順位があるとしたらやはり交流を通じた相互理解ではなかろうか。北東アジアの近隣諸国の国民感情は悪化しているが、直接相手国を訪ね、また相手国民と知り合いになれば同じ人間であることはすぐに確認できる。「日本（人）」とか「韓国（人）」など大きな主語ではなく、私の友人の山田さんやパクさんなど顔と名前が思い浮かぶ関係性を多くの人びとが持つことにパブリック・ディプロマシーの本質があるのであろう。

本章を通じて一人ひとりに何ができるのかについてもう一度考え、そして行動してみたいという思いをいだく読者が増えることを期待したい。

参考文献

外務省ウェブサイト　https://www.mofa.go.jp/mofaj/comment/faq/culture/gaiko.html
金成玟『戦後韓国と日本文化』岩波現代全書（二〇一四年）
金孝子「韓国における日本語教育の現況と展望」『日本研究』No一―三　一一―一六頁（一九九六年）
木村幹・田中悟・金容民『平成時代の日韓関係：楽観から悲観への三〇年』ミネルヴァ書房（二〇二〇年）
玄武岩『「反日」と「嫌韓」の同時代史』勉誠出版（二〇一六年）
玄武岩・金敬黙『新たな時代の〈日韓市民〉連帯』寿郎社（二〇二一年）
国際交流基金『国際文化交流を実践する』白水社（二〇二〇年）
ジョセフ・ナイ『ソフト・パワー 21世紀国際政治を制する見えざる力』日本経済新聞出版社（二〇〇四年）
ジョン・ダワー『忘却のしかた、記憶のしかた－日本・アメリカ・戦争』岩波書店（二〇一三年）
総務省『総務省情報通信白書』　https://www.soumu.go.jp/johotsusintokei/whitepaper/ja/r01/html/nd114110.html（二〇一九年）
森類臣『韓国ジャーナリズムと言論民主化運動－『ハンギョレ新聞』をめぐる歴史社会学』日本経済新聞社（二〇一九年）
ヨハン・ガルトゥング『構造的暴力と平和』中央大学出版会

Cull, Nicholas (2019) *Public Diplomacy: Foundations for Global Engagement in the Digital Age*, Polity.

Reporters Without Borders (2021) World Press Freedom Index 2020. https://rsf.org/en/ranking

第五章　北東アジアの和解と平和構築を目指す平和教育実践ネットワーク

――謝罪と赦しをめぐって

松井ケテイ

はじめに

元国連事務総長のコフィ・アナンは、二〇〇三年に「平和は政府や国家を超えて市民社会の活動なしではありえない」と世界中の市民社会に呼び掛け、二〇〇五年に武力紛争防止のためのグローバル・パートナーシップ（GPPAC）[1]が発足され、ニューヨーク国連本部に世界十五地域の市民が集まった。その中の北東アジア地域の一員として、北東アジア地域の事務局を務めているピースボートの呼び掛けで筆者もニューヨークの大規模な会議に参加した。それがきっかけで、平和構築と紛争防止に取り組むNGOの国際的なネットワークであるGPPACとともに活動を行ってきた。そして、二〇一〇年に平和教育の重要性を訴える仲間と共に、北東アジア地域平和構築インスティテュート（NARPI）[2]が立ち上がった。NARPI発足以来「平和教育の理論と実践」を担当し、平和教育の意義と実践方法を参加者とともに築き上げてきた。それ以来、北東アジアの平和教育や平和構築の活動を韓国、中国、台湾、モンゴルとともに諸宗教関連、UNESCO関連、韓国文部省などのプロジェクトに参加し、現在に至った。このような活動の中で懐いた将来の具体的なビジョンとして、北東アジアの平和を望んでいる。

平和とはどのような状態であろうか？　平和とは暴力がないということに加え、富の福利（ウエルビイング）の存在、正当な関係を社会的、経済的、政治的、生体学的に築くことである（ボルディング（一九七八）、ガルトゥング（二〇〇五））。だが、現実には北東アジアは、歴史的、領土的、軍事的、核的な緊張関係にある地域である。現在多くの人的・財政的資源が北東アジア諸国の軍事化に利用されている。また、戦後七十七年経った今でも日本の首相が靖国神社を訪問することで、中国や韓国から問題視されている。今でも毎週水曜日には韓国ソウルにある日本大使館の前では、元従軍慰安婦と彼女たちを支える市民社会が抗議デモを行っている。反感と軍国主義の文化を平和と和解の文化に変えることは、教育と根本的なパラダイムシフトによって可能ではないかと考える。にもかかわらず、そのような転換を起こす教育、変化をもたらすのに必要なスキル、知識、リソースを人々が得られるような教育やトレーニングの機会が学校や生涯教育でも十分に提供されていないことも現実である。紛争解決と平和構築のための重要なトレーニングを提供する場や、地域で活動している活動家や学生からのニーズや要求を調査する機会も必要である。

平和な未来を北東アジアで構築するためには共通の平和教育カリキュラムが望ましい。だが、まずは和解のメカニズムを考察し、北東アジアにおいて今でも残っている戦後の傷跡の原因と対応を探求し、そして、現在の平和教育の見直しを提案していく。

日本の平和教育では、二度と戦争をしないという信念のもとに原爆の被害国として日本は紹介されてきた。だが、なぜ原爆は投下されなくてはいけなかったのか。これからは、第二次世界大戦で広島と長崎に原爆が投下された被害国として、また、加害国としての歴史を教育の現場で共有されることが大切である。

A　和解と平和構築が目的の平和教育の必要性

和解と外交関係の基盤を確立するために、平和的な方法を特定する必要がある。紛争処理や交渉は、緊張状態を解消することはできても、被害者の心の中にある深い傷や恨みを癒すことは困難である。北東アジア地域の癒しのプロセスにおいて、和解は極めて重要な役割を果たすだろう。和解のプロセスには、真実を明らかにすること、心からの謝罪をすること、赦しを得ること、共感を深めること、償いをすること、人権を尊重すること、包括的な社会のために努力することが求められる（ツツ、一九九九）。したがって、和解、平和構築、修復的正義のための非暴力的な知識と技能を構築する平和教育が強く推奨される。

B 「和解」のメカニズム

関係が破壊されると、幸福が脅かされる。和解は抱擁を再構築しようとするものである。信頼が失われたときに信頼を回復しようとするものだ。しかし、抱擁と信頼の回復は、ツツ（一九九九）が次のように説明する真の和解のプロセスによってのみ可能である。真の和解は、残酷、虐待、痛み、堕落を明らかにする。時には事態を悪化させることさえあるような危険な仕事である。なぜなら、最終的には現実の状況に対処することで、真の癒しが得られるからである（二七一頁）。

和解は一夜にして達成されるものではない。それは長期的なプロセスであり、被害者も加害者も関係者全員が償いをし、人権を尊重し、相互依存の繊細なネットワークで結ばれた一つの家族のような包括的なコミュニティを目指して、その達成に向けて努力する必要がある。エンライト（二〇〇一）は、和解とは二者間の行為であり、当事者が信頼を回復し、疎遠になっていた関係を再開することを必要とするものであることを明らかにした(三一頁)。

先に述べたように、ツツ（一九八九）は、和解のプロセスには、真実を明らかにすること、心からの謝罪をすること、赦しを得ること、共感を深めること、償いをすること、人権を尊重すること、包括的な社会を築くために努力すること、時間を処理することも含まれると述べている。和解は、抱擁を再構築することを目的としている。

(一) 真実を明らかにする

抑圧をした人や抑圧を受けた人は、恥や罪悪感から解放される方法で、自分たちの過去に対処しなければならない。また、被害者となった人々は、過去を正しく記憶し、魂を破壊するような恨みや制御できない復讐心から解放されなければならないのだ。

地域が過去を超え、癒され、新たな気持ちになるためには、真実が明らかにされ、罪悪感が認められなければならないのだ。癒しが起こるためには、加害者が正直に過ちを認め、心からの反省をする必要があるとデ・グルーキー（二〇〇二）は指摘している。

恩赦が必要かどうかは別として、罪悪感を素直に認め、心からの反省をすることは、加害者の癒しに必要であるだけでなく、赦しに繋がり、被害者が加害者を赦す行為を実行しやすくし、癒しをより確かなものにする。…私たちは、自分の罪悪感を認識し、過去に対する責任を受け入れることで、実際にその破壊的な可能性から解放されることを理解する必要がある（一九九頁）。

この罪悪感の認識は、正義を回復するための新たなコミットメントの基礎となる。

㈡謝罪の役割

和解において赦しは癒しにつながる重要な役割がある。赦しと謝罪の行為は、紛争後の癒しに貢献すると言われている（モンチェル 二〇〇二・二七六頁、ロッデン 二〇〇四・三三七頁）。謝罪の行為は、加害者を謙虚にし、被害者に赦す力を与える。集団での謝罪は、長年にわたって人の中に蓄積された恨みを減少させる力がある。謝罪することは、自分自身を低くすることであり、謙虚な行為である。謝罪は、ある国が悪いことをした国と平和になるために必要である。

赦しは複雑なプロセスである。ツツ（一九九九）は、加害者が被害者に対して行った悪事を認めない限り、赦しと癒しのプロセスは成立しないと主張している（二七〇頁）。紛争中に行われた過去の残虐行為は、被害者の記憶の中に傷跡として残る。被害者は長い間、苦しみを抱えており、これらの記憶が確認され、理解されない限り、和解は達成されない。モンチェル（二〇〇二）は、「公的な赦しは、対立する両者の歴史的、文化的、政治的な文脈に敏感である必要がある」と説明している。文脈に敏感であるがゆえに、多元主義と地域での実践を尊重することを除けば、公的な赦しのための統一された公式は存在しない」（二七一頁）。

赦しのプロセスの一環として、被害者がトラウマ的な過去を克服し、癒しを受け入れるためには、加害者からの真摯な謝罪が必須である。侵犯には加害者と被害者の両方が関わっている。被害者には、赦すという選択があり、加害者にも以下の選択肢がある、（a）犯した過ちを心から反省し、（b）同じ過ちを繰り返さないと約束し、（c）悪意があった行為を償う努力をすることである。しかし、加害者の中には、自分の悪行を否定することを選ぶ人もいる。このような加害者の態度は、被害者に大きな影響を与え、赦すプロセスが困難になる。

さらに、覚醒、不快感の除去（償い）、謝罪の効果に関する研究によると、ゼックマイスター、ガルシア、ロメロとヴァス（二〇〇四）は、「加害者が謝罪の際に悪事を償わない『不誠実な謝罪』の後には、赦しの可能性が最も低い」（五三二頁）と説明している。また、共感という要素については、加害者への共感が赦しを促進する可能性があることを発見した（五三六頁）。アラン、アラン、カミナーとスタイン（二〇〇六）は、国の安定化とアパルトヘイトの傷跡を癒すために設立された南アフリカの「真実と和解の委員会」（八七頁）の手続きに実際に参加した、あるいは参加する可能性のある一三四人の重大な人権侵害の被害者を対象に、「赦すことと四つの修復的状況（言い訳、罪の告白、謝罪、真の悲しみ）との関連」を調べた。その結果、悪意を行った後の加害者の言動が被害者の赦しのプロセスに影響を与えること、加害者が心から反省していると信じている参加者の方が有意に赦していることが明らかになった。これらの研究は、心からの謝罪が、被害者と加害者の両方の赦しを高め、ネガティブな感情を減らすために重要な役割を果たすことを示唆している。

㈢和解における赦しの役割

赦しは内面的なプロセスであるのに対し、和解は外面的、対人的なプロセスである。赦しは与えられたり、受け取ったりするものだが、和解は信頼できる行動によって獲得するものである。和解のプロセスは、参加者間の信頼関係の回復である（ワージントン 他 二〇〇〇、二二九頁）。和解は、赦しがなければ成立しない、加害者が悔い改めていなければ成立しないのである。言い換えれば、人は赦しても和解が成立しないかもしれないが、赦しは和解に必要であり、和解を促進するのに役立つのである。

心理学の文脈では、マッカラら（二〇〇〇）は、赦しを「特定の対人関係の文脈の中に置かれた、認識された違反者に対する個人内の前向きな変化」（九頁）と定義している。この定義は、赦しとは赦す人の中での変化であることを示している。赦しは、自分が受けた侵害に対応して個人の中で起こるプロセスであり、自分を侵害した人に対してとる行動でもある。

赦すことで、被害者は癒しやその他の有益な結果を得ることができる。ジャムポルスキー（一九九九）は、「赦しは、私たちが心に課した恐怖と怒りの牢獄から私たちを解放してくれる…」と宣言している。赦すことで、過去の傷が洗い流され、癒されるのである（一九頁）。赦しの感情は和解の動機となるかもしれないが、赦しても加害者の地位が変わるわけではなく、また、加害者の悪行が正義の行為に変わるわけではない。赦しと和解はどちらも独立して起こりうる。和解は人間関係の中で成立するのである。

(四)和解における共感の役割

共感は、赦しのために重要な役割を果たし、赦しは赦す方も、赦される方の関係の修復にも役立つ。また、共感は、和解のプロセスの相互性を高めることができる。ワージントン他（二〇〇〇）は、赦しの介入において共感能力のある人は、赦しの治療から得る利益が大きいことを発見した（二四一頁）。

和解のプロセスは、医療の比喩を使って説明することができる。共感は消毒薬であり、赦しは感染の脅威を防ぐ包帯のようなものである。愛は癒しの心臓ポンプであり、関係に栄養を与え、細菌を吸収するための生き血をもたらす（ワージントン 二〇〇三・一七九頁）。共感は、赦しを求める人にとっても重要である。罪を犯した人が赦しを求めるためには、被害者に共感する必要がある。共感は、大勢の人間を、個々の魂を持った個々の人間として、愛することも憎むことも、苦労することも努力することも、笑うことも苦い涙を流すこともある、そして、人間の魂として見る能力を養うのにも役立つ（デ・グルーキー 二〇〇二・六四頁）。

共感は、違反者が他の人の苦しみを想像し、謝罪するように導くことができる。共感することで、被害者は加害者の気持ちを知り、ネガティブな感情をポジティブな感情に置き換えることができ、赦せない気持ちを赦す気持ちに変えることができ、癒しを促進する感情である。

共感に加えて、ワージントン（二〇〇三）は、謙虚さとプライドのなさという特性を、「リスクを冒してでも赦しを求めようとすることを最も予測させる特性」（一九六頁）として挙げている。プライドが高いと、人は赦しや和解を求めようとしない。真の謙虚さがあれば、人は他人のことを考え、気遣うことができる。

C　修復的正義（Restorative Justice）

一般に、刑法が追求する正義とは、犯した罪の重さに比例した刑罰を与えることである。

このような正義を「報復的正義」という。これに対し、修復的正義は、関係性と社会性を重視した正義の形である。同様に、修復的正義は、人権侵害によって壊れた関係を修復し、癒しを可能にすることを目指すもので、和解のプロセスの一部である。

ツツ（一九九九）は、人々が報復的な正義を求めるだけでは、正義性に欠けると述べている。なぜなら、報復的な正義は懲罰的な側面に集中し、被害者を考慮しないからである。これに対して、修復的正義は、アフリカの伝統的な慣習である「ウブントゥ」の特徴があり、関係を回復する手段であると主張している。「ウブントゥ」の精神では、違反を癒し、不均衡を是正し、壊れた関係を修復し、被害者と加害者の両方を更生させようとすることが中心的な関心事であり、加害者には犯罪によって傷つけられたコミュニティに復帰する機会が与えられるべきである（五四－五五頁）。

このように、修復的司法は、癒し、赦し、和解を求めるものである。南アフリカの場合、被害者も加害者も、同じ地域に住み生活をつづけなくてはいけなかった。北東アジアの場合でも、過去の戦争の被害者と加害者の両方が同じ地域に住んでおり、彼らもまた同郷に縛られており、加害者はしばしば特権的な存在として生活している。したがって、被害者と加害者の両方を更生させる同様の和解プロセスが、北東アジアの良好な関係を促進する鍵となるかもしれない。

ワージントン（二〇〇三）は、正義を求めることは「動揺していたバランス」を回復することだと指摘している。しかし、正義を実現しても、和解が実現するとは限らない」（一八二頁）。正義は、紛争から和解へと移行するプロセスのエージェントとして作用することができる。

償いには、信頼を築くこと、真実を明らかにすること、過ちを認めること、謝罪の言葉を述べること、賠償金を支払うことなどがある。ジョング（一九九九）は次のように説明している。

信頼を築くには、過去の犯罪を認め、反省を表明するなどして、被害者としての過去の傷を克服しなければならない…。過去を明らかにし、完全に説明することは、加害者側の謝罪につながるべきである。過去の損害を償うために、個人レベルと組織レベルの両方で、物質的な補償と謝罪を行うことができる（二五頁）。

補償と賠償は、和解を可能にするための重要な要素となる。補償は、必ずしも金銭的な支払いだけを意味するものではなく、祈年碑などの他の形態も考えられる。さらに、補償は、社会変革の長期的なビジョンを確立するためにも重要である。ツツ（一九九九）も、賠償の問題としての補償の重要性を述べており、「適切な賠償とリハビリテーションの措置がなければ、個人レベルでもコミュニティレベルでも、癒しと和解はあり得ない」（五八頁）と主張している。

デ・グルーチー（二〇〇二）は、修復的正義には、単なる補償や返還以上のものが含まれると指摘している。修復的正義とは、むしろ、正義をより完全に理解するために、無視されていたある側面を回復しようとする試みである。その重点は、リハビリテーション、補償、尊厳の回復、そして社会的な傷の治癒にある（二〇二頁）。

さらに、サリバンとティッフィ（二〇〇五）は、関係者全員を巻き込むことの重要性を考慮し、それぞれの声に耳を傾け、以下のことを確実にするために努力する、修復的正義のニーズベースのアプローチに言及している。誰もが、自分の現在のニーズが提示され、認められ、尊重され、満たされていると感じ、したがって、正当に扱われていると感じる…。ニーズに基づく修復的正義の目的は、各人の固有のニーズに対応し、それによって、すべての人の集合的な幸福を拡大する「平等な幸福」のレベルを達成することである（一一三頁)。

したがって、被害者の個々のニーズが理解され、満たされなければ、修復的正義は完成されない。ニーズに基づく修復的正義は、北東アジアのすべての市民の集合的幸福を向上させることを願って、悪事を働いた者の幸福を回復することにも努めている。

D　和解プロセスの実践

和解を達成するにはいくつかの方法がある。特に、二つの異なる方法を取り上げる。ウブントゥとホ・オポノポノである。和解と平和的関係を構築した、あるいは構築中の個人、組織、国や地域がある。彼らの経験は、北東アジアの状況に対する可能な解決策に貢献するかもしれない。個人や組織の草の根活動や、南アフリカのウブントゥやハワイのホ・オポノポノのような伝統的な和解のプロセスは、赦しと和解のための能力と技術を開発するために何ができるかを発見するのに役立つだろう。

(一)ウブントゥ

ウブントゥとは、「人間性、思いやり、コミュニティ」を意味するアフリカの哲学である。ウブントゥは何世紀にもわたるアフリカの概念であり、「コミュニティの構築、人間性に対する基本的な敬意、共有、共感、寛容、共通の利益、親切な行為」について語っている。英語ではウブントゥに似た「Cの言葉」がたくさんある。協議（consultation)、妥協（compromise)、協力（cooperation)、良心（conscience)。共通のCは「思いやり」(compassion）である（ガーゾン 二〇〇三・四四－四五頁)。

アフリカで行われているウブントゥの実践は、コミュニティの中で平和の文化を維持するために重要な役割を果たしている。ウブントゥは、「報復的」な正義ではなく、「修復的」な正義を優先することを強調している。ウブントゥは共同体の平和と調和について語り、人間であることの意味を理解することを強要している。ツツ（一九九九）はいう。『ウブントゥ』とは、人間であることの本質を意味する。それはホスピタリティを包含し、他人を思いやり、限界を超えることを厭わない…私たちは、人は他の人を介して人となり、私の人間性はあなたの人間性と表裏一体であると信じている」。思いやりと共感の概念は、南アフリカでTRCが行ったように、和解のための能力を開発する手段となるであろう。

南アフリカ政府は、ウブントゥの概念を中心としたアフリカ流の恩赦を実践することで、長期間にわたって疎外され、沈黙されてきた人々の尊厳を回復し、肯定することを期待して、TRC を設立した。

拉致、殺害、拷問、重度の虐待など、人権や尊厳が著しく侵害された場合、ツツ（一九九九）は、これらの問題は公聴会で処理されなければならないと述べている（五一頁）。被害者の尊厳を回復させるために、委員会は被害者が自分の言葉で証言することを認めた。この行為は、被害者に治療的な効果をもたらした（二七頁）。

デ・グルーチー（二〇〇二）は、和解プロセスにおいて真実は必須であると主張したが、それが唯一の条件ではないと述べている（一四頁）。クロッグ（一九九九）は、「南アフリカの TRC は政治的理想になにらかのバランスをもたらすために、被害者のためのフォーラムを作る努力」と「真実を立証するための機関として」成功したと主張した（三八五頁）。しかし、クロッグは、この委員会は「南アフリカに道徳的な真実を確信させることには成功しなかった」し、「人権侵害が二度と起こらないようにすることもできなかった」と論じている（三八五頁）。

TRCのプロセスが和解の達成に成功したかどうかは疑問である。調査では、人々が以前よりも離れてしまったことに言及し、学者たちは、TRCが「和解への基本的なステップである」アイデンティティの再定義に失敗したと主張している…。この本質的な段階を無視した者は、アイデンティティの恒常的な探求に固執することになり、それはしばしば硬直した攻撃的な形のエスニシズムやナショナリズムに表現される」（三八五頁）のである。レデラック（一九九九）は、「他の人や団体を批判したり、優越感を感じたりすることに基づかない、自己とグループのポジティブなアイデンティティ」を開発することの重要性を指摘している（四九頁）。ポジティブなアイデンティティの開発は、同居生活を成功させるために非常に重要である。したがって、日本とその近隣諸国の和解プロセスには、過去の真実を認め、被害者と加害者の双方のポジティブ・アイデンティティを開発することが含まれる。そうすることによって、北東アジアの国々は、良好な外交関係を持ち、平和構築という共通の目標を持つ統一社会として、共通の未来に向かって共に生き、共に歩むことができるのである。

㈡ホ・オポノポノ（Ho'o pono pono）

ホ・オポノポノは、ハワイの紛争解決と和解の方法である。プクイ、ヘアティグとリー

（一九七二）は、このアプローチを次のように説明している。ホ・オポノポノでは、自分の感情、特に怒りや恨みについて率直に話す。敵対関係を抑圧し、存在しないかのように装っていると、遅かれ早かれ、敵対関係は封じ込められたものからはじき出され、多くの場合、破壊的で有害な形で現れるからである。ホ・オポノポノは、話し合いという「安全弁」を使って、昔の喧嘩や恨みを処理するための一歩として、またさらに重要なのは、些細な争いが発展しないようにするための予防策として使っているのである（段落六〇）。

ガルテゥング（二〇〇五）は十二の和解プロセスをまとめているが、そのうちの十二番目のアプローチであるホ・オポノポノを日本とその近隣の北東アジア諸国の状況に合わせて提案している（八〇頁）。ガルトゥングは著書『Pax Pacifica』の中で、戦後の日本と近隣諸国との間の問題を解決するために、ホ・オポ

Ho'oponopono ハワイ先住民の和解へ繋がる精神
Marea Ha'a Koa Cultural and Educational Learning Center

ノポノのプロセスを適用することをシミュレーションしている。彼は、この和解プロセスの五つの段階を説明した。

一、国家共同体の中で何が起こったのか、事実を確認する。
二、なぜ起こったのかを、作為・不作為を問わずに追求する。
三、不作為の行為についても責任を共有し、謝罪する。
四、[一]、[二]、[三] に基づいた、建設的で未来志向のプログラムを提案する。
五、紛争の終結を宣言し、記録を象徴的に焼却する（一二九頁）。

ガルテゥング（二〇〇五）は、参加者がテーブルに座り、それぞれが横に並ぶことを提案している。参加者は次のようになるだろう。賢者、日本の政治家、日本の零戦特攻隊、日本の被爆者、女性、米国の政治家、広島原爆を投下した米兵、米国のハワイ市民、韓国の政治家、韓国の慰安婦、在日韓国朝鮮人、中国の政治家、中国の南京大虐殺の犠牲者、中国の台湾人である。ガルトゥングは賢者の役を演じ、この集会の目的を説明した。

私たちの目的は単なる理解にとどまりません。私たちは皆、起こった惨事に対して責任の一端を担っていますが、それは私たちが起こしたことに対してであり、おそらくそれ以上に私たちがしなかったことに対してです。私たちの関心は説明にとどまりません。私たちは、状況説明するだけではなく、何ができたのか、何をしなかったのかを理解するのです。つまり、太平洋戦争の複雑な全体像を理解していない人間が、後悔することになるかもしれない行動に駆り立てられ、引っ張られたのです。私たちは皆、責任を共有しています。私たちは謝罪するためにここにいるのです。たぶん、自分自身にも、お互いにも、その場にいない他の人にも。しかし、このような惨事が繰り返されないように、何ができるかを考えるためにも、私たちはここにいるのです。（一三〇頁）

参加者が五つの段階のプロセスを一つ一つ行うことで、被害者が怒りや恨みの感情を、苦情を解決するステップに変えていくことが期待された。ホ・オポノポノのプロセスは、クラーク（二〇〇五）が言及した理想な正義を例示している。クラークは、アフリカや北米の先住民の間で伝統的な司法が非暴力で行われていることを説明している。クラーク氏は、「このような非強制的な正義のプロセスでは、最終的には、一方の側が与えられた被害に対して何らかの形で謝罪し、他方の側が赦すという意思が必要である」（一一一頁）と述べている。

感情的な対立から立ち直ろうとする人たちが知っているように、謝罪も赦しも非常に困難であり、かなりの勇気を必要とする。しかし、それらがあるからこそ、最終的に信頼を回復し、過去の事実上の記憶ではなく、痛みを最終的に取り除くことができる新しい共通の歴史を共同で作り上げることができるのである（一一頁）。癒しはどんなに困難なものであっても、被害者が過去を乗り越え、幸福になるためには欠かせないプロセスである。

おわりに

現在まで続いている北東アジアの緊迫した関係の背景には、まだ十分修復されていない戦時中の加害者・侵略者・植民地支配者だった日本と他の北東アジアの国との関係がある。普段の政治外交では穏やかに見えても、領土問題・米国との関係の変化・日本の首相による靖国参拝が起きるたびに問題になる。また、日本の平和教育は被害者としての教育が中心となり、広島や長崎の内容が多い。が、なぜ原爆が落とされたのかを探求することによって真実に向き合うことになる。ツツ（一九九九）よれば、それが和解への最初の手段である。同じ地域に存在する国々と共存するには、謝罪、赦し、和解、平和構築など、これらを実践する能力と技術を培う平和教育が望まれる。北東アジアの平和教育者には、新しい共通の歴史を作ることに加えて、平和を構築する未来のリーダーを育成するための共通のカリキュラムを実践するネットワークの必要性が期待されるのである。

（1）武力紛争防止のためのグローバル・パートナーシップ
（2）東北アジア地域平和構築インスティテュート

参考文献

アラン、A.、アラン、M. M.、カミナー、D. とスタイン、D. J.「人権侵害の被害者における謝罪と許しの関連性の調査」。行動科学と法、二四・八七－一〇二頁（二〇〇六年）
ボルディング、K.「安定した平和」。オースチン：テクサス大学（一九七八年）
クラーク、M. E.「スキナーvs.預言者たち：人間の本性と私たちの正義の概念」、現代の正義、八(二)、一六三－一七六頁（二〇〇五年）
デ・グルーチー、J. W.「和解：正義を取り戻す」。ミネアポリス：フォートレス出版社（二〇〇二年）
エンライト、R. D.「許すことは選択肢である：怒りを解決し、希望を取り戻すためのステップバ

イステップのプロセス」ワシントンDC：APAライフツールス（二〇〇一年）

ガルテゥング、J.「パックス・パシフィカ：テロリズム、太平洋半球、グローバリゼーション、そして平和研究」ロンドン：プルート出版社（二〇〇五年）

ガーゾン、M.「地球市民になる：違いのある世界で共通の基盤を見つける」、http://www.mediatorsfoundation.org/ relatedreading/becomingglobalcitizens.pdf（二〇〇三年）（二〇一二年七月二十一日アクセス）

ジャムポルスキー、G. G.「許す：それは最大の癒し」オレゴン州ヒルスボロ：ビヨンドワーヅ出版社（一九九九年）

ジョング、H.（編集）「対立の解決：ダイナミックとプロセスと構造」イギリス・ハンツ：アッシュゲーツ出版社（一九九九年）

クロッグ、A.「私の頭蓋骨の国」ニューヨーク：スリー・リバー出版社（一九九九年）

レデラック、J. P.「和解への道のり」ペンシルベニア州・スコッツデール：ヘラルド出版（一九九九年）

マッカラ、M. F.；パルガメント、K. I.；とソレンセン、C. E.「許しの心理学：歴史、概念上の問題、および概要」マッカラ、M. F.；パルガメント、K. I.；とソレンセン、C. E.（編）「許し。理論、研究、そして実践」（一－一六頁）、ニューヨーク：ギルフォード社（二〇〇〇年）

モンチエル、C. J.「社会政治的な赦し」、平和レビュー、一四（三）、二七一－二七七頁（二〇〇

二年）
プクイ、M．K．、ヘアティグ、E．W．、とリー、C「ホーポノポノ、ナナ・イ・ケ・クム」http://www.soulwork.net/huna_articles /hooponopono.htm（一九七一年）（二〇一一年九月二十二日アクセス）
ロッデン、J．「赦し、教育、公共政策。まだ通っていない道」モダン・エージ、秋333三三一-三四一（二〇〇四年）
サリバン、D．とティッフィ、L．「修復的正義。日常生活の基盤を癒す」ニューヨーク州モンセイ：ウイローツリー出版。（二〇〇五年）
ツツ、D．「許しのない未来はない」ニューヨーク：ダブルデイー出版（一九九九年）
ワージントン、E．L．「許すこと、和解すること」イリノイ州ダウナーズ・グローヴ：インターバーシティー出版（二〇〇三年）
ワージントンE．L．、サンデージ、S．J．とベリー、J．W．「許しを促進するためのグループ介入」マッカラ、M．F．、パルガメント、K．I．とソレンセン、C．E．（編）「許し。理論、研究、そして実践」（二二八-二五三頁）．ニューヨーク：ギルフォード社（二〇〇〇年）
ゼックマイスター、J．S．，ガルシア、S．；ロメロ、C．；とヴァス、S．N．「本心でない限り、謝ってはいけない。許しと報復に関する実験室での調査」「社会・臨床心理学ジャーナル」二三（四）、五三二-五六四頁（二〇〇四）

第六章　権力に抗する――主体的な「連帯」に向けた出会い直し

大城尚子

はじめに

二〇二二年、沖縄は日本復帰五十周年を迎える。米軍統治下で人権が無視されていた沖縄では平和憲法を持つ「祖国」日本への「復帰」を願った。一方、日本の革新勢力は「沖縄奪還」「沖縄解放」と運動を展開し、「沖縄を返せ」「われらのものだ」という歌も作った。保守派や日本政府は「返還」という言葉を用い、米国と対立をまねく「奪還」は使用しなかった。一八七九年の琉球併合（いわゆる「琉球処分」）や「本土」決戦のために切り捨てとなった沖縄戦、米軍統治下に沖縄を置いたなどの史実を考えると、「奪還」や「解放」「返せ」「われらのものだ」「返還」などは傲慢な言葉である。

五十年後の現在も沖縄に置かれている米軍専用施設は変わらず全国一位であり、米軍機の騒音や部品の落下、墜落、事件・事故、基地内から流出する有害物質等の問題は日常的だ。近年、沖縄人は自己決定権を主張するようになった。大きく分けて四つの意味があると考える。一つ目は、沖縄戦のように再び沖縄を戦場にしたくないこと。二つ目は、自分たちの土地を返して欲しいこと。三つ目は、戦争の加害者として加担したくないこと。四つ目は、沖縄が決定すべきことに対し、誰からの干渉も受けずに自分たちで決定すること、である。生命の危機に日常的に曝される現状を踏まえると、沖縄の主張は当然である。しかし、日本は「本土」の安全を確保するため、沖縄を「奪還」「解放」「返還」したという結果になっており、沖縄との認識のズレがある。

本稿では両者のズレを次の二つの視角から検討する。一点目は、沖縄戦中から始まった土地接収と復帰後の日本政府による公用地法等々の立法である。軍事基地は土地があって初めて存在可能だ。在沖米軍基地は他府県と異なり、民有地が多い。その土地がどのように接収され、「提供」されるに至ったかを考察し、非倫理的に沖縄を利用する構造を明らかにする。二点目は、日本の革新派と沖縄の「連帯」の問題である。事例は、「同胞」と信じていた日本の革新派に対する絶望を抱きながら、沖縄人が沖縄人として覚醒する過程を「在日」沖縄人運動に参加した人の証言から考察する。また、沖縄との「連帯」の問題を問われて誕生した基地「引き取り運動」の取組から新たな「連帯」の可能性についても検討する。加えて、高江ヘリパッド建設問題によって沖縄社会の分断と社会再構築の展望を描いた比嘉座の芝居から、戦争に抗する民衆の力を検討する。資料は、当事者の記録をまとめた冊子等や文献、インタビュー調査、公文書、メディアを用いる。なお、本稿では沖縄の人々を沖縄人（ウチナーンチュ）とし、アイヌの人々や在日外国人を含めない日本「本土」の人々を大和人（ヤマトンチュ）とする。

Ⅰ　米軍基地と沖縄搾取

㈠土地接収と地主

沖縄を搾取する構造は経済、文化、政治など様々な要因で構成されており、それぞれの分野で検討されている。筆者は、搾取構造が土地接収問題にもあり、かつ基地問題に対する日本と沖縄の認識のズレも確認できると考える。

在沖米軍基地の特徴として、⑴嘉手納基地のように戦前の日本軍の基地を米軍が占領し、さらに拡張したもの、⑵戦中、もしくは終戦直後、住民が収容所に隔離されている時期に、米軍が土地を奪って造ったもの（普天間飛行場等）、⑶戦後、強制的に土地を接収して造られたものがある。

一九四五年四月、米海軍は沖縄島上陸直後、日本の権限停止と占領の開始を告げる「ニミッツ布告」を公布した。米軍は住民を収容所に強制隔離し、軍事基地を建設していった。普天間基地の建設が始まったのは一九四五年六月からである。

戦前の宜野湾市は沖縄島の南部と北部を結ぶ拠点であり、村の中央部には首里から普天間宮を繋ぐ松並木道があった。沖縄戦が始まると宜野湾村（当時）の住民は沖縄外へ疎開する者や戦場から逃げるため沖縄各地へ避難する者、また収容所へ送られた者もいた。そのような中で米軍基地は建設された。普天間飛行場の滑走路の長さは、当初二四〇〇メートルだった。サンフランシスコ講和条約発効から一年後の一九五三年には二七〇〇メートルに延長され、地対空ミサイルのナイキミサイルが配備された。一九六〇年には米空軍から海兵隊施設に移管され、海兵隊航空基地として使用開始された。一九六九年、第一海兵航空団の第三十六海兵航空軍のホームベースとなり、滑走路は二八〇〇メートルに延長された。(1)

一九四五年九月上旬、「降伏調印式」で、十二月頃から宜野湾村も帰村が許可された。一九四六年五、六月頃までにはほぼ全員の帰村が完了した。当初は宜野湾村の野嵩一区から三区の範囲という限られた場所が居住区で、それ以外は軍用地区だった。宜野湾集落（現宜野湾市宜野湾）等の米軍基地に土地を取られた人々に旧居住地あるいはその近くへの居住が許可されたのは一九四七年十月二十三日だった。だがそれは、「米軍が使用するときは何時でも立退くという条件付」だった。(2) 同時に耕地での耕作も米軍施設の活動に支障をきたさないという範囲内で許可された。(3) 字宜野湾の黙認耕作地は五か年の期限付きで耕作を許可されたが、期限が終了すると耕作はできなくなり、米軍が使用した[4]。サンフランシスコ講和条約発効後、土地収用令が公布され普天間飛行場はますます強化された。普天間飛行場のフェンスは一九六四年に設置され、それを境に軍施設の拡張、強化が進められ、軍用機の発着も毎日行われるようになった。その後、ナイキミサイルは移動し、普天間飛行場から姿を消すが、北谷村（当時）のハンビー飛行場の閉鎖に伴い、軍用ヘリコプターが普天間飛行場へ移った[5]。

(二)住民の抵抗権を奪った土地収用法

サンフランシスコ講和条約発効前、米軍は占領軍として土地を自由に収用していた。同条約発効後、米軍は土地使用に法的根拠を持たせるため布告・布令を出した。土地収用の規定をした「民政府布令第一〇九号」（一九五三年三月二十三日発布）がある。これは米軍と地主との賃貸借契約が不調に終わった場合には、米軍が強制的に使用権原を取得することができ、緊急の場合には、使用権原取得前にも住民に立退きを命ずることができる。布令の最初の適用地は真和志村（現那覇市）安謝、天久、銘苅という現在の那覇市新都心地区だった。その後、小禄村（現那覇市）具志（復帰後は自衛隊基地）、伊江村真謝、宜野湾村（現宜野湾市）伊佐でも強制的に土地が接収された。

一九五四年三月十七日、米陸軍省は「軍用地一括払い」方針を発表した。一括払いは実質的な土地買い上げにあたるとし、琉球立法院は一九五四年四月三十日に「軍用地処理に関する請願決議」の中で米政府に対し「土地を守る四原則」の要請を全会一致で決議した。内容は、米軍用地地料一括支払い反対、土地の適正補償、米軍が加えた損害の適正賠償の支払い、新たな土地の収用反対だった。

一九五五年十月二十三日、メルヴィン・プライスを団長とする米国下院軍事委員会特別分科委員会の調査団が来沖した。プライスを委員長とする米国下院軍事委員会特別分科委員会は、一九五六年六月、沖縄の米軍用地問題に関する報告書を米国議会に提出した。六月九日、USCAR（琉球列島米国民政府）のモーア民政副長官が、その一部を住民向けに発表した。内容は、制約なき核基地、アジア各地の地域的紛争に対処する米極東戦略の拠点、日本やフィリピンの親米政権が倒れた場合の拠り所として在沖米軍基地が重要とし、これまでの米軍用地政策を含む米軍支配のあり方を正当化するものだった。

それに対し、沖縄人は島ぐるみ闘争を展開した。幾度の米琉両政府の協議の結果、一九五九年一月、立法院で「土地借賃安定法」「アメリカ合衆国が賃借する土地の借賃の前払いに関する立法」が成立し、米軍用地問題は一応の決着をみた。軍用地料はプライス勧告時の六倍に引き上げられ、原則として地代は年払い、五年ごとに土地の評価替えをして更新することとなった[6]。

沖縄の日本復帰が決定すると、今度は日本政府が土地を「提供」する義務を負うことになった。返還協定時、「沖縄の復帰に伴う特別措置に関する法律」（昭四十六法一二九）や「沖縄振興開発特別措置法」（昭四十六法一三一号）、「沖縄における公用地等の暫定使用に関する法律」（昭四十六法一三二号　以下、公用地法）が立法された。それらの諸法律が日本国憲法第九十五条の定める特別法に該当するのではないかという議論はあったが、沖縄に日本国憲法の効力が及ばないとされ、適用されなかった[7]。特に、公用地法は「沖縄県という地方公共団体そのものを対象とし、その組織・機能・運営について特例を定めるものではなく、沖縄県という地域を押さえてその地域における国の行政・施策についての特例を定めるもの」、したがって「特別法に該当するものではない」という理由だった[8]。古関彰一は公用地法は、「沖縄返還後も日本政府が米軍基地を一方的に継続使用できることとし、地主との契約が成立しない場合にも、日本政府が五年間強制使用することを可能にする法律」だったと指摘する[9]。

公用地法（一九七二年制定）の期限が迫る一九七七年までに、日本政府は反戦地主を切り崩すため軍用地料の値上げなどを行った。それでも政府の意向に従わない反戦地主がおり、日本政府は「地籍明確化法」を新たに制定した。沖縄戦によって沖縄の土地は地籍が明確化出来ない状態にあった。日本政府はその事情を利用し、同法の付則で公用地法をさらに五年延長することを定めた。それでも反戦地主はなくならず、公用地法での延長が不可能となったため、日本政府は一九八二年に「駐留軍用地特措法」を適用することとした。同法律は一九六〇年代以降、日本「本土」で一度も使われていなかった。それを沖縄に適用することは、事実上沖縄のみに適用される法律だった。

一九九五年、分権推進委員会は機関委任事務制度の廃止等の地方分権の推進に関する事項について調査審議を行い、内閣総理大臣に勧告を行った。その後、小渕恵三内閣は、地方分権推進計画で定められた事項に係る関係法律の整備を行うため関係法律を一括法として立案し、二〇〇〇年四月一日施行した。また、一九九五年、大田昌秀県知事（当時）は、軍用地の契約更新を拒む地主に代わって知事が署名する代理署名を拒否し、国から訴えられた。沖縄県は最高裁で敗訴し、署名に応じざるを得なくなった。一九九九年七月の「地方分権一括法」によって、駐留軍用地の地主が契約更新を拒否した場合でも内閣総理大臣が直接契約更新を行うこととなった。国は沖縄の土地の使用権原を強制的に取得した。

以上より、日本復帰後は機関委任事務制度廃止という「法的銃剣とブルドーザー」によって反戦地主が次々と切り崩され、沖縄人の抵抗権と土地を平和利用する機会が奪われた。つまり日本国内で沖縄人を救済する道は閉ざされたのである。他方、大和人は沖縄を犠牲にしながら「合法的」に沖縄に米軍基地を置き、日本「本土」の安全を保障する構造を確立した。南西シフトの正当化や沖縄の海を「合法的」に埋め立てる辺野古新基地建設問題も同じである。この非対称な関係は、大和人が自身の安全を確保するため、国家暴力によって沖縄人の権利を侵害してもかまわない、という大和人の「了解」から成り立っている。

Ⅱ　沖縄を取り巻く搾取構造

㈠「在日」反復帰運動

沖縄人を搾取する構造は、日米両政府や経済界だけではない。日本政府の政策を民主主義の構造で支える有権者も間接的に沖縄を搾取している。(10) 沖縄と「連帯」するという革新勢力もまた沖縄を搾取する。以下では、「在日」の反復帰運動に参加した者が見た日本の革新勢力による沖縄搾取を紹介する。

反復帰論は一九六〇年代後半に沖縄で誕生した思想である。一九六九年の佐藤・ニクソン会談で日本復帰の内実が沖縄が期待した米軍基地撤去ではないことが明らかになった。沖縄の期待と現実の差異が具体的になっていくなかで登場したのが反復帰論だった。沖縄の日本復帰が現実味を帯びていく中で、反復帰論の思想は議論されることはなかった。

一九七〇年に沖縄青年委員会（以下、沖青委。後に沖縄青年同盟）に入った宜野湾市出身のG（一九五〇年生、女性、仙台沖縄青年同盟所属[11]）は、復帰論が盛り上がっていた一九六〇年代中頃の沖縄社会を次のように述べる。

G　復帰の時、復帰は当然そうすべきって社会から教わっているさ。その時に、なんで復帰するのかなーっていつも考えるわけよ。自分たちそれわからないわけさ。なんで沖縄が沖縄であってはいけないのかは考えない。なんで復帰するのかねーっていうことを考えた時に、一生懸命その理由を探す。ある時、漁をしている船が国旗がないから外からやられる。私はそのニュースをよんですごく喜んだわけ。ほら、これさ、これこれって心が軽くなったの覚えてる。だからなんかほんとに自分でも復帰する確かな理由をみつけて嬉しい。たぶん私は。復帰すべきっていってはいるけどなんで復帰するのかなーって誰にもいえない。みんなで話したらいいけど。みんなで話さなかった。

一九六〇年代中頃、高校生だったGは幼少期から学校で習う日本の文化と沖縄の文化の違いに疑問を持っていた。琉球国だった沖縄は一八七九年に日本に併合された。初代県令の鍋島直杉は琉球特有の文化や言葉をあらため、日本と同一化することを急務とする方針を出した。教育現場では天皇の御真影が他府県よりも早く教室に飾られ、愛国心を育てる教育が行われた。同時に琉球の言葉や文化は日本文化よりも劣るとされ、琉球語を使う生徒には「方言札」が首にかけられた。一日の最後に札をかけられていた生徒には罰が与えられた。その「風習」は沖縄戦後も続いた。米軍統治下時代、琉球諸語を否定するのは日本「本土」からきた教員ではなく沖縄人の教員だった。沖縄の言語や文化、慣習を日本人に改める方針は、世界各地の植民地で見られるような政策そのものだった。

Gはラジオから流れてくる「美しい」日本語を身につける必要があると考えていた。Gは沖縄語ではなく日本語を強制されるという違和感を持ちながらも、高校では沖縄がなぜ日本に復帰するのかという疑問を話せる場が無かった、と話す。復帰に対して疑問を持っていたのはGだけでない。筆者は二〇一〇年代、関西在住の「金の卵」として東京で集団就職した女性Aからも同様の発言を聞いたことがある。Aは学校や大人が日本は沖縄の「祖国」というが、なぜ日本が「祖国」なのかを教えてもらえなかった。ずっとそのような疑問を抱えたまま集団就職をしたと語っていた。

一九六〇年代当時、復帰運動は沖縄の教職員が主体となって展開された。上記二人の証言から教職員らは教え子たちに沖縄が復帰する理由を示さず、示したとしても日本と沖縄の違いを感じているものにとっては根拠に乏しい理由で復帰の意義を伝えていたということが想像できる。

「復帰」に違和感を持っていたGは、高校時代ユネスコクラブに所属し、顧問教員をとおして国連憲章などから他者との違いを楽しむこと、多様性の尊重等を学んだ。Gは沖縄と異なる場所で大学生活をおくりたいと希望し、東北の大学に進学した。在学していた大学では、同級生たちが「美しい」日本語ではなく、彼、彼女らの土地の言葉や訛りで、恥ずかしがらずに話している姿を目の当たりにし、言葉を奪われ、文化を否定された自身の経験は特有のものだと考えるようになった。

沖縄で復帰運動が盛んだった一方、東京では反復帰運動を展開した沖縄青年同盟（以下、沖青同）が一九七一年に結成された。沖青同は、一九七〇年二月に結成された「沖縄青年委員会」の海邦派の流れをくんでいる（図1）。海邦派は、沖縄人の主体を明確化し、「沖縄返還粉砕」、「沖縄解放」を主張していた。一九七一年十月十九日、「沖縄返還粉砕！沖縄解放！　すべての沖縄青年は団結し決起せよ」を訴え、沖縄青年三人が沖縄国会決起闘争を決行した。三人は、佐藤栄作首相（当時）が臨時国会で、沖縄返還について「好ましい解決を見た」と語った直後、国会で爆竹をならし、逮捕された。三人は、裁判で、「我々は、裁かれるためにここにいるのではない。日本、国家を裁くためにいる」と沖縄人の主体を明確に主張し、それぞれが生まれ育った沖縄島、宮古、八重山の言葉を使用し、「国会闘争」の正当性及び必然性を訴えた。

Gは大学二年生の頃、沖青委に出会い、反復帰論を知った。彼女にとって反復帰論はそれまでの自分の生き方を見直すものとなった。その活動は、Gにとって沖縄人として生きていくための運動となった。

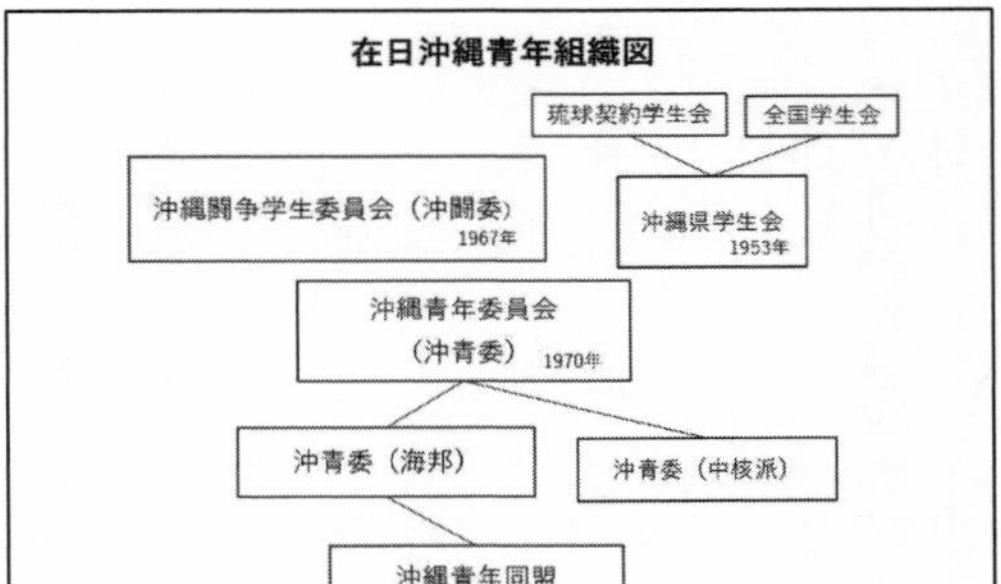

在日沖縄青年組織図
琉球契約学生会
全国学生会
沖縄闘争学生委員会（沖闘委）1967年
沖縄県学生会 1953年
沖縄青年委員会（沖青委）1970年
沖青委（海邦）
沖青委（中核派）
沖縄青年同盟（沖青同）1971年
沖縄青年同盟（沖青同）
人民権力派
沖縄青年同志会
関東・沖縄解放同盟（準）1973年
ゆうなの会 1974年
沖縄労働者の会（沖労会）1974年
沖縄解放同盟
沖縄研究会（沖研）1978年
沖労会（チュチェ研）
沖縄一坪反戦地主会・関東ブロック 1983年

図１　戦後の在日沖縄青年運動の時代区分
提供：本村紀夫氏

大城　沖縄青年同盟にはどうやって入ったんですか？

G　あのね、それ覚えてないのよ。でも、もうほんとに「あ、これだ！」ってすっとんと自分が解放された。その頃から自分自身の反省が始まるわけ。だからね、私にとっては反復帰って考え方は自分自身の生き方を変えるきっかけでもあったわけ。要するに（これまでの―引用者）自分自身は長い方にまかれていく生き方、他を考えない。だから、新聞の潮流にのってしまっていた。全然こう新聞の情報が正しいのかな、ってことを考えることをせず、ただそれにのって生きてきた。いつもこう楽な方楽な方に流れていっている自分自身の生き方にすごい反省していくわけ。復帰もそうさ、考えないさ。あの時なんで復帰するんだろうねってことをとことん突き詰めればよかったじゃない。でもそれしてないさ。ぱっとみた新聞の写真で非常に安心して小躍りして、「あ、これで良い！これで良い！」って自分を納得させるさ。そういう生き方をずっとしてきたんじゃないかって思っていたからもうあの学生の頃の沖青同の運動をしたことは、単なるあの頃若かったから走ったんじゃなくて、自分自身の生き方そのものだったわけ。だから、今もそれ続いてる。

「沖縄人」という言葉は沖青同のメンバーが作ったものである。東京の沖青同で活動していた本村紀夫は、当時の日本で沖縄が日本の植民地であるとか、併合されたなどという言葉を使うのは難しかったという[12]。そういった中で「沖縄人」を使用する意味は、沖縄人が「自分たちのことは自分で決める」という自立を意味した。

(二)日本の革新派による沖縄搾取

「在日」沖縄人の中に沖縄の自立を主張する者も現れたが、日本復帰運動を「共に」闘う日本の革新団体は、沖縄の主張を排除した。先述したGは当時の革新団体のことを次のように説明する。

G　あの頃なんでもかんでも沖縄奪還、沖縄解放闘争っていってたけど、なんか、日本人っておめでたいっていうか、沖縄の痛みを沖縄から学ぶ。また沖縄の解放をとか、沖縄の立場になってとかいうけど、直接彼の組織の中にいたわけじゃないけど、彼らが書いているものとか読んで、沖縄がとても踏みつけられて「痛いって言っている声を聞こう」とかなんとか。痛い内容がさ、「こうだろう、こうだろう」ってあっちが規定するわけよ。だから仙台の私たちの仲間が「なんで痛い内容までも大和人に規定されないのか」「どこが痛いか、どのように痛いか、僕らがいうべきだろう」って言い合っていたよ。私たちの中でね、ビラを書くときによく話し合っていたよ。だからそういう時に彼ら（日本の革新や学生運動―引用者）にある、自分たちが理解しやす

いように分析する。で、ただ思うことは沖縄が自己主張する、しようとするもんなら
すぐ排除する。

大城　どうやって排除するんですか？

G　もう（沖縄の主張を─引用者）聞かない。（中略）

一番不思議だったのは、あんなに沖縄奪還っていうのに自分たちの日本っていうのは
どのような日本を作ろうとしているのか

大城　日本の革新運動団体はビジョンがないんですか？

G　ビジョンがない。ぜんぜんないじゃない

大城　あの頃も？

G　うん。だってどれくらい素晴らしい日本かなっておもったら、（大学時代に出会った人たちは─引用者）いいようにいう人いなかったよ、誰も。日本が素晴らしいから沖縄を奪還してっていわないよ。そうじゃなくて、起爆剤をもっている沖縄人を取り込んで日本を変えようみたいな。あの頃それを思ったわけ、なんでこの人たち、何を

沖縄解放かって。全部自分たちの日本をよくするために沖縄を一緒にするんだって。そんなことも見え見えだったわけ。彼らが（集会や本、ビラ等で―引用者）言っている。

日本の革新団体が沖縄を理解しているように振る舞いながら都合よく沖縄を利用し、日本を変えたいと望む姿勢、そして日本の革新団体にとって都合の悪い沖縄の主張を排除する姿勢をみて、Gは運動体の欺瞞を感じ、「沖縄対して口出ししてほしくないと言いたかった」と話す。それは東京タワー占拠事件等で知られる富村順一が「日本人よ、君たちは沖縄のことに口を出すな」と訴えていたことと同じである。

沖縄が日本に復帰しても、大和人による沖縄差別はなくならなかった。集団就職をした者の中には沖縄に戻ったものもいれば、自死を選択したものもいる。また、日本の資本が沖縄に入り、沖縄の自立を阻む経済構造も強化された(13)。

Ⅲ　新たな「連帯」の萌芽

(一)基地引き取り運動―新たな「連帯」の可能性を探る

普天間基地の県外移設論は一九九六年に大田昌秀知事（当時）が日本政府や政治家に対

して要求したことに起源を持つ。

県外移設論が沖縄内で徐々に広まっていったのは一九九八年に沖縄の女性による「女たちの東京大行動」だった。沖縄の女性たちは、「普天間飛行場の県内移設反対」を訴え、そのなかで「基地コーンミソーレー（買ってください）」「普天間基地大安売り」「今なら振興策がついてます」と県外の人々に呼び掛けた(14)。知念うしは、沖縄の女性たちによる県外の人々への呼びかけを「軍事基地を『振興策』という金で『押し売り』する日本の政府と社会へ、『そうであるなら、あなたたちが買って』と『返す』という問題意識が明確化された」と説明する(15)。

県外移設論が主張されてから十七年後の二〇一五年三月、大阪で「沖縄差別を解消するために沖縄の米軍基地を大阪に引き取る行動」（以下、引き取る行動・大阪）が設立した。メンバーの一人である松本亜季は、大学三年生だった二〇〇三年に辺野古に訪れたことがある。松本は、座り込み抗議を続ける女性から「基地を持ち帰ってほしい」「なぜ日本で闘わないのか」という言葉を投げかけられた(16)。翌年松本は知人と「辺野古に基地を絶対つくらせない大阪行動」（以下、大阪行動）を立ち上げて、毎週土曜、ＪＲ大阪駅前でビラ配りや署名活動を行った。

だが、二〇〇七年に松本が参加したある講演会で県外移設を訴えているカマドゥー小(ぐゎぁ)

（沖縄の女性で構成されているグループ）のメンバーが「基地を大阪に持ってくる署名運動をやりたい」と提案し、会場からは賛同の声があがった。松本にとってそれは辺野古に新基地建設を作らせないという運動は沖縄の求めるものではなかったことを認識する機会となった。松本は沖縄が求める「連帯」を考えるため、大阪行動の仲間や関西沖縄文庫に集う沖縄人と琉球・沖縄史に関して学習会や議論を重ねた。

そんな折、二〇〇九年に誕生した鳩山由紀夫政権が「最低でも県外」というスローガンを掲げた。しかし、その呼びかけに応じる「本土」の動きは少なかった。大阪府の橋下徹知事（当時）は普天間飛行場の関西空港への誘致に前向きな姿勢を示した。だが、関西空港と大阪空港の経営統合が進み、二〇一〇年に普天間飛行場の移設先を辺野古とする日米共同声明が出されると辺野古容認に転じた(17)。

日本政府や大阪が沖縄との対話もなく一方的に普天間飛行場の移設先を沖縄とする動きもあり、松本は「本土」の人に「現状を知ってもらえれば、移設を止められると思っていた。でも本土の人は、基地の危険性を知らないのではなく、知っていて沖縄を無視しているのではないか」という疑問を持ち、またそれは自分にも向けられていると理解した(18)。

松本は、「日本の植民地的政策によって琉球・沖縄が差別されてきた構造があること」を知り、「自分たちが差別する側にいるということを自覚し、そのうえで対等の関係をつくろうとすれば、押しつけているものを引き取るしかない。差別をなくすことが先決ではないか」という考えにいたった[19]。以後、松本は沖縄人への応答として沖縄の基地を引き取ることを決め、自分たちの問題として活動している。

「引き取る行動・大阪」が配布するビラには、大きな見出しで「普天間基地の移設は辺野古ではなく大阪に！」と書かれ、「『引き取る行動・大阪』とは」、「米軍基地が沖縄にたくさん存在している本当の理由は？」、「なぜ、沖縄の基地を引き取るのか」、「これは沖縄のためではなく、私たち日本に住む人のための行動」の五つの見出しを設け、日本が沖縄に米軍基地を押し付けてきた経緯と責任が説明されている（図2、3）。

チラシの裏面にあるように「引き取る行動・大阪」は、普天間基地の移設先を地元の大阪とする。この行動は「日本に住む私たちが強いている沖縄差別を解消し、押し付けている基地を本来あるべき場所へ引き取ることを目的としたものであり、基地の誘致運動ではない」とし、大阪以外に米軍基地を押し付けない主張を展開している。つまり、米軍基地を必要とする「本土[20]」に米軍基地を「引き取り」、大阪に住む人々の対話によって米軍基地問題を考えていくという実践的な行動である。この取り組みは、日本各地に徐々に広がっていった。二〇一五年九月には九州で「本土に沖縄の米軍基地を引き取る福岡の会」が設立され[21]、全国各地に広がっている[22]。

普天間基地の移設は辺野古ではなく、大阪に！

「引き取る行動・大阪」とは

みなさん、こんにちは。

私たちは、大阪に住む市民の集まりで、「沖縄差別を解消するために沖縄の米軍基地を大阪に引き取る行動」通称「引き取る行動・大阪」といいます。その名の通り、沖縄の米軍基地を大阪に引き取ることを目的に活動しています。現在、沖縄には他の都道府県では例を見ないほどの規模で米軍基地が存在しています（国土面積比 0.6%、人口比 1%の沖縄に、日本にある米軍専用施設の 74%が集中）。そして、

さらに「普天間基地の移設」という名目で、辺野古に新たな基地までつくられようとしています。

沖縄はずっと辺野古の基地建設計画に反対してきました。沖縄を代表する県知事が辺野古沿岸部の埋め立て承認を取り消すということまでしています。これほど強い反対があるにも関わらず、日本政府は政策を撤回しません。「普天間基地の危険除去」と通り一辺倒の言葉を繰り返し、その姿は、まるで「普天間基地が固定化されてもいいのか！」と恫喝するように、強権的な態度をとり続けています。言うまでもなく、沖縄は「普天間にも辺野古にも基地はいらない」と言っているのです。

米軍基地が沖縄にたくさん存在している本当の理由は？

それでは、これほどまでに辺野古=「米軍基地」を必要としているのは誰なのでしょう？なるほど、日本の世論調査を見ると 8 割を超える人たちが米軍基地を置く根拠となっている日米安保条約を支持しています。それでは、強い反対がある沖縄ではなく、その他の都道府県で基地を負担するのが筋ではないでしょうか。これまで、そのことが真剣に検討・議論されたことがあったでしょうか。他の都道府県の名前が出る度に、地元の猛反発にさらされ、結局その話はなかったことになります。沖縄が猛反対しても計画は強行されているにも関わらずです。

そもそも沖縄にある海兵隊基地は日本「本土」から移転したものであることをみなさんはご存知でしょうか？ 1950 年代後半から 60 年代始めにかけて、反基地運動の高まりとともに、日本「本土」にあった海兵隊基地は沖縄に移転され、さらに米軍基地の整理統合によって、日本「本土」の米軍基地は 4 分の 1 に減少しました。しかし、その一方、沖縄の基地は 2 倍に増えたのです。そもそも日本「本土」にあってもよかった基地が反対運動や市民の反発を助長しないために沖縄に移されていったという経緯があります。みなさんは、沖縄に過剰な基地負担がある本当の理由を考えてみたことはありますか？地政学的？沖縄は基地で食べている？中国脅威論？これらの言説は、もうとっくに論理破綻していることは周知の通りです。

なぜ、沖縄の基地を引き取るのか

それでもなお沖縄に基地を押しつけようとするのは差別、さらに言うと沖縄が日本とは違うルーツをもつことによる、植民地主義政策ではないかと私たちは感じています。

私たち、「引き取る行動・大阪」のメンバーは、「戦争反対」という立場に立って日米安保条約にも沖縄を始め、各地にある米軍基地にも反対し、長年、活動を続けてきた人がほとんどです。だからこそ、見えてきたものがあります。8 割を超える日米安保支持者がいて、沖縄への差別政策を容認する日本社会の中で、「基地はどこにもいらない」と叫ぶことは、結局沖縄の米軍基地を固定化することにつながってきたのではないかということです。↘

図２　「引き取る行動・大阪」チラシ表

沖縄の基地をなくすためには、まず、沖縄への差別と向き合い、それをやめていくことから始めなければならないのではないでしょうか。その方法が、私たちが日米安保条約を支持している結果としてある米軍基地を、本来の負担場所である私たちの住んでいる町へ引き取ることだと思っています。

もちろん、私たちは日米安保を支持したことはありません。しかし、支持者が多数を占め、沖縄に差別政策を強いている日本政府を支えている（方針転換させられていない）一員であること、さらに、日米安保の負の部分は背負わず恩恵だけを受けてきた一人であるという事実と向き合ったとき、基地を引き取るべき立場にいることに変わりはないと感じています。

これは沖縄のためではなく、私たち日本に住む人のための行動

沖縄の米軍基地を大阪に引き取るとなると、様々な懸念があることも承知しています。しかし、それは実際に沖縄で起きていることであり、私たちはずっとその責任逃れをしてきたのだということを肝に銘じなければならないと思います。様々な問題や懸念は、沖縄から基地を引き取ると決めた上で、大阪に住むみんなで話し合って解決していきましょう。それを理由に沖縄に基地を置き続けることだけはもうやめたいと思います。そして、ずっと沖縄任せにしてきた米軍基地のこと、安全保障をどうするのかということを自分たちの問題として考えていきましょう。そして、本当の意味でそれらが必要ないと判断できるのであれば米軍基地の撤去は迅速に進めることができると思います。

まずは、普天間基地の移設を辺野古ではなく、大阪で引き受けること。みなさんの力をかしてください。

●参考記事・参考文献：

高橋哲哉（2015）『沖縄の米軍基地―「県外移設」を考える』集英社新書。

http://www.okinawatimes.co.jp/cross/?id=235&p=1

●これはあくまでも誘致運動ではありません。

この行動は日本に住む私たちが強いている沖縄差別を解消し、押しつけている基地を本来あるべき場所へ引き取ることを目的としたものであり、基地の誘致運動ではありません。

沖縄差別を解消するために沖縄の米軍基地を大阪に引き取る行動(引き取る行動・大阪)
【連絡先】info@tbbo.koudo.info

図３　「引き取る行動・大阪」チラシ裏

基地引き取りに対し大和人の中にも否定的な意見はある。筆者は、二〇一三年十月十三日、十四日に関西大学千里山キャンパスで開催された「9条世界会議・関西2013」に参加した。「アジアの中の九条」という分科会で乗松聡子（カナダ：ピース・フィロソフィー・センター代表）が「沖縄と九条－私たちの責任」という題目で報告した。乗松は、沖縄に対する日本の植民地主義の歴史に触れ、現在の米軍基地も日本が沖縄に押し付けていることを話し、下記のように観衆に訴えた。[23]

脱安保が実現するまでは、日本が置くと合意した米軍基地は、沖縄ではなく日本に置くべきである。つまり脱安保運動をしながら、安保をなくすまでは米軍基地は本来あるべき日本に戻すということである。安保がなくなるまで、と沖縄に我慢させようとする人もいるかもしれないが、沖縄にしてみれば「復帰」後四十年間起こらなかったことがこれからすぐ起こるとどうしたら信じられるのか。沖縄をこのままにして平和と人権を奪い続ける九条運動はそれこそが日本国憲法違反だ。逆に、偽善と植民地主義から脱する行為により、平和と人権をうたう日本国憲法実現により近づくと言えるのではないか。沖縄への責任を果たすことは、沖縄だけでなく日本のためでもある。[24]

乗松の発言に対し、会場から「沖縄の人々はなぜ危険な基地を本土に置こうというのか」という主旨の反論がでた。筆者は沖縄人が会場に「不在」という思い込みがあることで出た加害者の本音に対し、沖縄人として「沖縄に危険な基地を押し付けているのは誰なのか」という発言をしようと考えた。だがそれよりも沖縄人「不在」の中で大和人がどのような議論を展開するかを確認するため沈黙を貫いた。

乗松は、会場から出た反論に対し、改めて日本の無責任な対応と欺瞞に満ちた日本の「連帯」が沖縄を犠牲にする状況を作り出していると指摘した。このような大和人同士での議論は重要だ。沖縄に基地を押しつける当事者内の発言を丁寧に拾い上げ、欺瞞の「連帯」の解消にむけた議論を進めることが新たな「連帯」に繋がると考える。

また沖縄では基地引き取り運動に対し懐疑的な見方も存在する。先に紹介したGは、「引き取り」という言葉に疑問をもつ。一九五〇年代から日本「本土」で展開された反基地運動の結果、米海兵隊は沖縄に移駐された。その歴史を前提にGは次のように話してくれた。

G　日本が反基地運動したのを総括した方がいいんじゃない？だって沖縄に基地を置くために沖縄を復帰させせたんじゃないのって思っているんじゃないの？

何年か前に国会前を運動しているときに売国奴っていったんでしょ。
彼らは日本にしてやったんじゃないのって。

基地引き取り、引き取りって意外の言葉ないの?

(中略)

日本の皆さんが総括すべき。だって輝かしい成果でしょ。あんなの(米軍基地―引用者)撤去して、そこに全然触れないっていうのが図々しいって思うよ。

日本の国のありかた、外交っていうか。大陸の人間って陸続きで隣の国があるから いかに仲良くしていくかが外交の視点、基本でしょ。でも日本って違うでしょ。そこらへんを変えていかないと話はおさまらないとおもうよ。いつまでもどっかが犠牲になって、沖縄が日本である限り犠牲になるとおもう。

前も話したけど、福島を切り捨てたさ。だから彼らは別にどっか切り捨てても失っても大多数が生きていければいいんじゃないのっていう政治しかしないんじゃないの。だから私は福島の在り方をみてこの国は発展しないなーって思ったよ。

米軍基地を「引き取る」という言葉は、使用する側からすると、沖縄に米軍基地を集中させる差別的政策を実行している政府を支えるのは日本のマジョリティである自分たちであり、責任をもって米軍基地を「引き取る」という主体的な行動を意味する。例えば、新潟の「沖縄に応答する会@新潟」は、「基地引き取り」を「この国の主権者が沖縄に依存せず、『基地問題』を主体的・自律的に解決すること」と定義する。[25]

一方、「基地引き取り」という言葉を受け取るGのような立場からみると、その行動は日本が沖縄に押し付けた責任ではなく、沖縄側から発せられた言葉によるどこか受け身的あるいは「引き取ってあげる」というような目線があるように捉えられてしまう場合もある。

一九九〇年代後半から県外移設というボールは沖縄県知事や沖縄の市民運動から大和人に投げられた。それでも沖縄の状況は変わらず二十年余が経過した。二〇一九年の県民投票では辺野古新基地建設に対して沖縄が反対の意志を示した。それは政府だけに訴えたものではない。手続き的民主主義で日本政府の政策を支え、沖縄に米軍基地負担を押し付けながら自分たちの安全という利益を得る大和人に対して訴えてもいるのである。

「引き取り運動」の本質が大和人や沖縄人に理解されるのは、その運動によって在沖米軍基地が日本「本土」に移転された時かもしれない。沖縄人と大和人の双方がそれぞれの過去の取り組みを総括しながら、対話の空間を設けることができるだろう。大和人の覚悟と責任のある行動を沖縄側は待っているのである。

(二)沖縄社会の分断から考える課題

二〇二一年九月、金秀グループの呉屋守将会長(以下、呉屋会長)が経済発展や沖縄振興の推進に向けて自民党候補の支持に回る考えを示した。呉屋会長は、二〇一四年の知事選で故・翁長雄志知事の選対本部長を務め、保革を取り込んだ「オール沖縄」の誕生に尽力した人物だ。翁長県政誕生後は「辺野古に新基地を造らせないオール沖縄会議」の共同代表を務めた。

呉屋会長は県民投票にも協力的だった。金秀グループは県民投票実施に向けた署名活動の際、県内全店舗のタウンプラザかねひで(食品スーパー)を提供した。そのような呉屋会長が「基地反対のテーマだけでは沖縄の未来は開けない[26]」という決断に至ったのは、金秀グループの社員の生活を守るためだった。このような企業は沖縄では珍しくない。建設業に限らず、県内企業の多くは「本土」企業の下請けである[27]。その構造は沖縄が米軍統治下に入る直前に作られた。二〇一九年一月七日、『沖縄タイムス』は社説で、冷戦後、米国内から「冷戦の勝者は日本だ」という声と共に、同時期沖縄から発せられた日本の「二重のただ乗り論」を紹介している。その構図を端的にいうと、基地を沖縄に置き安全保障の負担は沖縄に押し付け、安全保障と経済的利益は県外が享受しているというものだ。つまり、沖縄は約七十年もの間、日本の搾取の地として存在している。

搾取構造により、沖縄社会は分断されているとしばしば指摘される。東村高江のヘリパッド問題を題材に日米両政府の政策に翻弄される沖縄社会や社会の分断を描いた比嘉座のシマクトゥバの芝居を紹介したい。下記の「ぅわーぐゎー節」には、ヘリパッド建設を阻止する沖縄の住民と「本土」からきた警察、それと沖縄の建設業者の人々のやりとりが描かれている。

ぅわーぐゎー節（豚の歌）
ふぁーふじ　ゆじりぬ　わった　やまや　ちゃっさ　（そこにある森は私たちの先祖からの遺産）
くがにぬ　やまやとーいん　（その森にはたくさんの宝がある）
あみりか　がらしぬ　しーゆ　ちゅくりば　（アメリカカラスがそこに巣を作ると）
かりきる　みーる　いくさる　しでぃーる　（全ての木は死にひそかに戦争が企てられる）

ゆぃゐぬ　うちなーんちゅ　たーちんかい　わかさってぃ（私たちうちなーんちゅは分断されている）
やまとぅざるんかい　くんちかーってぃ　ちむぬなかねー（私たちうちなーんちゅはヤマトザルによって痛めつけられている）
ふぇんすや　ねさみ（私たちの心に壁はない）
むいん　うしぬきてぃ　くがた　なさな（その森を押しのけてここに引き寄せよう）

どぅーぬ　くゎん　かなさ（私たちは私たちの子どもたちを愛している）
ゆすぬ　くゎん　かなさ（他の子どもたちも同じように愛している）
くだみてーしまん　くぬ　ぬちぬ　かなさ（愛おしいその命を踏みつけるな）
うぬまま　しーねー　また　さりんどー（私たちが変わらない限り、戦争はまたやってくる）
さってー　ならんさ　うちなーぬっくゎ（沖縄の子どもたちに同じ体験をさせたくない）

芝居の登場人物は以下の通りである。

沖縄の女性（豚を殺し、歌をうたう）　祖母世代の、沖縄戦を生き抜いた時代の女性として設定。食料がなければ豚も屠殺するたくましさがある。権力に踏みつぶされようとしても自分の気持ちに沿わないことであれば、毅然とした態度で接する。（機動隊に止められても歌い、抑圧から逃れようとする）

沖縄の豚　自身（比嘉）の反映。豚は沖縄の女性に殺されるが、食料として必要だった。沖縄の人が愛着を持ち、親しんでいる豚だが、豚という動物は本土の価値観で見ると蔑視の対象となることもある。「豚」という言葉が誰かを侮蔑する際に用いられることもある。沖縄の女性に殺される部分は、沖縄人の愛着のある豚を表現し、殺されても立ち上がって歌うところは、虐げられた存在が立ち上がるということを表現した。

沖縄の建設業者　生活のため、ヘリパット建設に携わっているが、気持ちの中では機動隊、その背景にある本土の抑圧に鬱屈している。後半は自分の気持ちを開放し、沖縄の女性や豚と一緒になって機動隊を排除し、歌う。

本作品を作った比嘉座は二〇〇八年に沖縄県立美術館の「しまくとぅば」展への参加をきっかけに結成された。比嘉座の芝居は、現代を舞台にしたものもあるが、沖縄戦をテーマにしたものが多い。また、父母世代と子世代のギャップを描いた作品などもある。作品数は十五分以内の短編が主で、二十作品ほどである。

「ぅわーぐゎー節」は、高江のヘリパット建設が強硬で行われた年（二〇一六〜二〇一七年）に制作された。東村高江は沖縄島内でも人口が少なく、自然豊かな場所だ。そういった環境が米軍のターゲットにされてきた。二〇一三年に公開された『標的の村』（監督・三上智恵）でも描かれたが、ベトナム戦争時、高江ではベトナム戦争を想定した訓練が行われ、枯葉剤がまかれた。一九九六年十二月の沖縄に関する特別行動委員会最終報告で高江のヘリパッドの移転が決定したが、移転先は同地区内で、移転前よりも集落に近い場所だった。二〇〇七年の工事着工から住民や県内外から多くの人々が反対運動を行っていたが、二〇一七年にヘリパッドは完成した。(28) 比嘉座の比嘉陽花座長は、「高江のヘリパット建設を含む、基地建設が中止になればいいのにという思いで作った」という。

上記の人物紹介で説明されているが、芝居では沖縄の豚と女性が県外から来た機動隊がつくるバリケードから沖縄の建設業者の人に手を取り合って工事を止めようと手を伸ばす。もみ合っているうちに機動隊のバリケードが崩れ、建設業者は硬い表情のまま、豚と女性に近づく。そして三者ともが踊りながら機動隊を排除していく。芝居の終盤ではヤンバルクイナや木など動植物も三人の沖縄人と協働で基地建設を阻止するように踊る。

比嘉に本作品が他の作品と異なる部分について確認したところ、「リアルタイムに起こった問題（高江のヘリパット建設問題）に対して、直接的なメッセージを込めて作ったという部分が他の作品とは異なる」と述べた。また、今回の作品に「うちなーんちゅが分断されている」という箇所について具体的にどういうことか、と尋ねたところ次の回答をいただいた。

比嘉　基地建設に対して、沖縄の人々の意識が、賛成・反対で分断されているように思えた。基地建設の話題になると賛成・反対の意見がそれぞれあり、彼女が名護市で働いていることもあり日常的に耳にするといい、選挙の場合や、反対運動が盛んに行われている時に「反対派」と称して反対運動をしている人や選挙運動をしている人を非難する言葉が聞かれる。対して基地や、基地被害に対しての非難は控えめなように感じる。基地被害は沖縄に住んでいる人なら関係があると思うが、基地による利益（名護市の保育料無償化など）があると被害に対する非難や怒りを抑え込むようになる（逸らすようになる）のではないかと感じている。高江のヘリパット建設現場では、沖縄の業者が作業していた。その表情は硬く厳しいものに思えた。基地によって利益を得ていても、つまり賛成であっても、基地の被害や本土の沖縄に対する扱いへの非難や怒りは皆同じであると思うのに「賛成派」「反対派」というグループ分けがされたことで不自然な分断が起こっていると思う。

比嘉が述べる「不自然な分断」は『ヤンキーと地元』（筑摩書房、二〇一九年）の著者である打越正行も指摘している。打越は、建設現場の人々は生活のために働いているとし、沖縄の建設業の多くが日本の大手ゼネコンの下請け企業であるため、経済構造の理不尽さも把握していると指摘する。また、筆者の教え子にも基地関連の事業を受注する会社の社長を友人に持つ者がいた。その学生は講義内でその社長Bの実情を説明してくれた。Bは南部に居住し、辺野古新基地建設につかう土砂を運ぶため、早朝に出発し北部へ向かう。反基地運動によって土砂運搬に支障が出ることで時間通りに仕事が終わらないことが多々あるという。Bは個人事業主のため残業になったとしても残業代はつかない。また、Bは土砂運搬が高い賃金を得られるためその仕事を選んでいる。同学生は反基地運動がBの生活に影響を与えていると述べ、良い印象を持っていなかった。一方、日本政府の政策や経済構造などの構造的な問題について問いかけると、「政府のせいで沖縄社会に分断が起きている」と指摘した。これらの語りは分断統治の片鱗をうかがわせるものである。

「ぅわーぐゎー節」の後半では、沖縄人がこのような分断を乗り越え、「沖縄を再び戦争にするな」というメッセージが入り、分断されていた民衆と動植物とが共に権力に抗する姿が描かれている。分断されない民衆の力が必要だ。沖縄社会にある様々な立場の者同士が沖縄を再び戦場にさせないための対話をし、政治的、経済的自立に向けた将来設計を考え、それを実現するために権力と闘う必要がある。有事となれば台湾防衛の拠点となる「本土」の米軍基地も中国が攻撃を加えるとされるという具体的なシナリオが想定される中、「本土」にとっても権力に抗する民衆の力が必要だろう。

おわりに――「連帯」の可能性を考える

沖縄を搾取する構造を米軍基地の土地問題と日本の革新勢力の沖縄排除から検討してきた。一八七九年の琉球併合後、継続して搾取される沖縄人と大和人の溝は深い。その溝を埋める上で必要なのは、それぞれの政治的立場や権力の違いを理解することだと考える。大阪にある関西沖縄文庫の金城馨が異なる当事者の対話について興味深い発言をしている。金城は多文化共生が異なるものを認めあう点で重要と認めながら、次の問題点を述べる。

一歩進んで違いを理解しようとする。そのことによって、逆に違いは維持できなくならないだろうか。それぞれの違いの境界には、カベらしきものがあるはずだ。理解する行為にはそのカベらしきものを開ける働きがあり、互いをオープンにする。これは一見、よいことのようだが互いの違いは薄れ、そのうち違わなくなり、「同じ」に近づいて同化するのだ(29)。

仙台沖青同に入っていたGや大阪で暮らした経験のある比嘉陽花も大和人が沖縄を理解すると期待していた。なぜなら、沖縄人も同じ日本人だからと言われ続けた経験を持つからだ。だが、本稿で見てきたように、沖縄の痛みや置かれている構造を理解する大和人は少ない。比嘉は大阪での経験を踏まえて「文化の違いや、本土の人の沖縄への無理解さを肌で感じた」と話す。

金城は異なる立場同士の間には、それぞれの「カベ」があるとし、二枚の「カベ」によってできる「スキマ」が対話を実現する空間(スキマ)、すなわちそこが「異和共生」の空間になると述べる(30)。本稿で見てきたように、沖縄と大和人、沖縄内の反基地運動と建設業者等々、大和人内の基地引き取り運動と基地撤去運動、米軍基地容認派等々の異なる立場の人々が存在する。所属する集団から離れて異なる立場の当事者と対話する際、それぞれが異なる立場であることを認識し、ズレが生じた場合にはそのズレを確認することは重要である。それらを行うことで両者が異なる存在として居続けることができ、対等な関係で議論を進めることができるのではないだろうか。問題解決やそれぞれの溝を埋めることに時間はかかるが、対話を通じて、それぞれが責任をもった発言と行動をとることで、権力に抗う新しい「連帯」の形が誕生すると考える。それは次世代に継承する取り組みにもなるだろう。

本稿では、筆者の経験も含め上の世代が行ってきた（いる）の「間違った」関係性、つまり異なる立場のものを「同じ」としながらも、踏み続ける、踏みつけられる関係の構築について述べた。紹介した証言は一部である。他にも様々な思いを抱えながらも言葉を飲み込んでいる人があなたの隣にいるだろう。若い世代のみなさんも、一つ一つの声（ノンバーバル含む）に耳を傾け、少しの緊張感を持って関係を築いて欲しい。そして、それぞれの上の世代が構築した（している）「間違い」と自分たちが起こした（するであろう）「間違い」をスキマという空間で共有化し、異なる立場の者同士として出会い直しをしてほしい。

最後に、世代間の対話の空間の創出も私たちには求められている。筆者の教え子たちは、シンポジウムや会議、反基地運動等に参加後、しばしば「上の世代は若い世代の話を聞いてくれない」、先輩方と対話を試みようと思っても「なにも知らないの?勉強してきなさい」と言われたと訴えてくる。そのような人ばかりではないこともちろん承知している。

しかしながら、上の世代によるこれら姿勢や言葉は、同じ時間を生きておらず、経験も異なる立場の人を尊重したものではない。このような対応をされた人々は、「二度と参加しない」という判断をしてしまうことが多い。ネットリサーチが早い若い世代に対して、上の世代は参考になる文献や映画、ニュースなどを紹介し、異なる世代の意見を尊重しながら議論を行う。若い世代もまた、同様に上の世代と対話を重ねる。謙虚な対話の空間（すなわち「スキマ」）を維持することで異世代間の「異和共生」が実現可能と考える。

聞き取り調査
仙台沖青同に所属していたGさん
　日時：二〇二一年十月二十二日（金）十四時～十七時　場所：佐喜真美術館
比嘉座　比嘉陽花さん
　メールにて（二〇二一年十月十二日（火）、二十五日（月））

（1）　宜野湾市基地政策部基地渉外課『宜野湾市と基地』二〇〇九年三月、三頁。
（2）　字宜野湾誌編集委員会『ぎのわん　字宜野湾郷友会誌』字宜野湾郷友会、一九八八年、七三四

頁。

（3）同上、七三八頁。

（4）同上、七三九頁。

（5）同上、七三九－七四〇頁。

（6）沖縄公文書館 HP「一九五六年六月九日　USCAR、「プライス勧告」を沖縄住民に伝える」https://www.archives.pref.okinawa.jp/news/that_day/4868（閲覧日二〇二一年十月二十七日）。

（7）佐藤功「憲法95条の諸問題」田中二郎編『杉村章三郎先生古希記念　公法学研究　上』有斐閣、一九七四年、三九九－四〇五頁。

（8）佐藤、前掲注7、三九九－四〇〇頁。

（9）古関彰一、豊下楢彦『沖縄　憲法なき戦後―講和条約第三条と日本の安全保障』みすず書房、二〇一八年、二八七頁。

（10）野村浩也『無意識の植民地主義―日本人の米軍基地と沖縄人』御茶の水書房、二〇〇五年や高橋哲哉『沖縄の米軍基地「県外移設」を考える』集英社、二〇一五年など。

（11）Gは一九七三年三月に沖縄に戻った。沖縄では沖青同時代に知り合ったメンバーと現在も学習会等々を行っている。

（12）命どぅ宝の会主催、連続講座「日本『復帰』50年を問う」第六回での発言（於：命どぅ宝の会事務所ならびにオンライン）二〇二一年十月二十四日開催。

(13) 関東・関西沖解同編集局編『沖縄、差別を砕け(一〇・二五―三〇関西・関東謝花祭採録集)』関西沖縄解放同盟準備会・関東沖縄解放同盟準備会、一九七三年。
(14) 知念うし「沖縄の『県外移設を求める声』は、エリートやリーダーではなく、庶民から出てきたものだ」「沖縄の米軍基地を『本土』で引き取る!」編集委員会『沖縄の米軍基地を「本土」で引き取る!――市民からの提案』コモンズ、二〇一九年、九頁。
(15) 同上、一〇頁。
(16) 平野次郎「米軍基地を『引き取る』という思想と行動」『週刊金曜日』一〇五五号、株式会社金曜日、二〇一五年、二五頁。
(17) 『朝日新聞デジタル』二〇一二年十二月十一日 http://www.asahi.com/special/futenma/OSK201212110089.html(閲覧日二〇二一年十月二十三日)。
(18) 『朝日新聞』夕刊(大阪本社)、二〇一五年七月二日。
(19) 平野、前掲注16、二五頁。
(20) 内閣府が実施した「自衛隊・防衛問題に関する世論調査」(二〇一七年)で、「日米安全保障条約は日本の平和と安全に役立っている」とする者の割合が77・5%、「役立っていない」とする者の割合が15・6%となっている。https://survey.gov-online.go.jp/h29/h29-bouei/2-6.html(閲覧日二〇二一年十月三十一日)。
(21) 『沖縄タイムス』朝刊、二〇一五年十一月十一日。

（22）「沖縄の米軍基地を『本土』で引き取る！」編集委員会、前掲、二〇一九年。
（23）乗松聡子氏の発言内容はPeace Philosophy Centreのホームページ「乗松聡子：沖縄と九条―私たち（日本人）の責任　Satoko Oka Norimatsu: Okinawa and Article 9 - Our Responsibility as Japanese」に掲載されている　http://peacephilosophy.blogspot.com/2016/09/blog-post.html（閲覧日二〇二一年十月二十八日）。
（24）同上。
（25）「沖縄の米軍基地を『本土』で引き取る！」編集委員会、前掲14、二二頁。
（26）『琉球新報』二〇二一年九月十五日。
（27）打越正行『ヤンキーと地元』筑摩書房、二〇一九年や「沖縄県内の利益、21％が県外へ流出　経済循環率は全国ワースト4位　観光客増も『ザル経済』」『琉球新報デジタル』二〇一九年十月十八日、https://ryukyushimpo.jp/news/entry-1010150.html（閲覧日二〇二一年十月二十九日）。
（28）東村高江のヘリパッド工事は終了したが、現在も警備が継続されている。防衛局によるとその警備は「抗議の座り込み対策」だという（『琉球新報デジタル』二〇二一年九月八日 https://ryukyushimpo.jp/news/entry-1388948.html（閲覧日二〇二一年十月二十八日））。
（29）金城馨「日本人を沖縄人として生きる」『部落解放』八一一号、解放出版社、二〇二一年十月、一六頁。
（30）同上。

第三部

平和思想と宗教の課題

第七章　キリスト教の「神の国」と平和思想

―未来志向的な「神の国」を求めて―

神山美奈子

一、はじめに

キリスト教にとって「神の国」は、「何よりもまず、神の国と神の義を求めなさい。」（マタイによる福音書六章三十三節）と聖書に記されている通り、第一に求められるべきものである。と同時に、「神の国は、見える形では来ない」（ルカによる福音書十七章二十節）とイエスが語るように、見える形ではないからこそ「神の国」概念はいかようにも解釈されうる。本稿では、近代日本のプロテスタント・キリスト教が聖書における「神の国」をいかに解釈し、その解釈を基に北東アジアとの関係をいかに築こうとしたのかを考察する。これにより、日本における現在のプロテスタント・キリスト教界が過去に対して自己省察を試み、未来に対しては真の「神の国」を弛みなく追い求めていく一助としたい。

これまでの研究では賀川豊彦をはじめとした日本のプロテスタント・キリスト教初期に活

躍した男性キリスト者を中心に「神の国」理解が論じられてきたが、ここでは女性キリスト者の「神の国」理解についても論じることで、より幅広い視野を加えたい。

二、日本における「神の国」という概念

二〇〇〇年五月に行われた神道政治連盟国会議員懇談会において、当時の森喜朗内閣総理大臣が「日本の国、まさに天皇を中心としている神の国であるぞということを国民の皆さんにしっかりと承知して戴く、そのために我々が頑張って来た」と発言した。翌月には参議院議員から首相の資質に対する質問の回答として、森は「日本国憲法の下において、天皇は、日本国の象徴であり日本国民統合の象徴であるとの趣旨で述べたものであり、このような意味において『中心』と表現したとしても、象徴天皇制と矛盾するものではなく、また、国民主権の原理に反するものでもない。また、『神の国』という表現については、特定の宗教について述べたものではなく、地域社会においてはその土地土地の山や川や海などの自然の中に人間を超えるものを見るという考え方があったとの趣旨で述べたものであり、天皇を神と結び付ける趣旨で述べたものではない。」（参議院 H.P：https://www.sangiin.go.jp/japanese/joho1/kousei/syuisyo/147/touh/t147051.htm より）とした。

このように弁明した森が、二〇二一年に行われた東京オリンピック・パラリンピック組

織委員会の会長を務めていた際に臨時評議員会の場で女性蔑視発言をしたことは記憶に新しい。このような発言を繰り返す背景には何があるのだろうか。

入江曜子は、「人生の最初の学校教育を『皇民教育』と言う超国家主義イデオロギーにより、白紙の魂に『刷り込まれた』世代」（入江、二頁）であることが背景にあり、さらにはこの教育は戦前生まれの人々だけではなく、「地下水脈となって、文部科学省官僚の中に受け継がれている」（入江、五頁）と指摘する。また、日本の国定教科書第五期（一九四一－一九四五年）において、それまでに登場した「国引き」（『出雲風土記』に由来する無名の神が土地を引き寄せたと言う伝説）と「富士山」（富士山が神の山として教科書に記載された）を前提として、「日本ヨイ国、キヨイ国。世界ニ一ツノ　神ノ国」と書かれており、子どもたちの心に巧みに日本＝神の国であることを植え付けられたとしている。（入江、九五－一〇〇頁参照）周知の通り、大日本帝国憲法（一八八九年二月発布）と日本国憲法（一九四六年十一月発布）の第一章はいずれも「天皇」について扱い、大日本帝国憲法ではその第一条から三条において「天皇」の統治権と神聖さを強調している。

第一条　大日本帝国ハ万世一系ノ天皇之ヲ統治ス

第二条　皇位ハ皇室典範ノ定ムル所ニ依リ皇男子孫之ヲ継承ス

第三条　天皇ハ神聖ニシテ侵スヘカラス　（大日本帝国憲法より）

日本国憲法においても第一条で天皇は「統合の象徴」であることが示され、「神聖」という言葉は使われないにしても「象徴」という至極曖昧な表現を使うことで多様な解釈を可能にしている。

〈天皇の地位と主権在民〉

第一条　天皇は、日本国の象徴であり日本国民統合の象徴であつて、この地位は、主権の存する日本国民の総意に基く。　（日本国憲法より）

日本国民の「統合の象徴」という言葉でその地位が示された「天皇」に対する神格化は、日本の神話をもとに作り上げられた「現人神」なる「天皇」の地位を完全に揺るがしたとは言い難い。だからこそ、「日本＝神の国」発言が続き、そのことを疑問視することすらできない日本国民を生み出している。

黒住真は、「罪責論が…元来は実際に神道家として天皇の仕事にもなっている」（稲垣編、一四〇－一五〇頁）が、このような天皇の罪責論が全く消えて権力集中の象徴となったのが先にあげた『大日本帝国憲法』と『教育勅語』であり、「天皇の権威は権力と融合して畏敬すべきものとなり、この現人神に臣民は従属し滅私奉公を務めることになる」（稲垣編、一四三頁）と指摘し、この「神の国」概念はいわゆるアウグスティヌスによる「神の国」と「地の国」の概念で説明するならば、「権力が増長・結集する『地の国』」であるとした。

では、大日本帝国憲法が発布され、学校教育において「日本＝神の国」と刷り込み教育が行われていた日本のキリスト者たちにとって「神の国」とは果たして何だったのだろうか。

三、キリスト者の「神の国」理解――一九二〇年代の「神の国運動」から戦後まで

「神の国」は、「神の国は近づいた」というイエス・キリストの再臨を待望する終末論的な認識と、一方で「神の国はあなたがたの間にある」というこの世的、現実的な認識という両面性を持ち備えている。しかし、キリスト教、とりわけイエス・キリストの生涯を通した活動は、まさに「神の国」を人々に知らせ、実現させることであり、そこに二元論的な「神の国」理解があったかについては首を傾げざるを得ない。

一九二〇年代の「神の国運動」で知られる賀川豊彦は、「分けられた神の国」ではなく、

贖罪愛の実践に基づいた終末と現実が一体化された、実現しつつある「神の国」を主張した。賀川のこのような統合的な「神の国」理解を評価する加山久夫は、これまでの日本のプロテスタント・キリスト者における「神の国」理解について「神の国を中心的なメッセージとすることはなく、（略）神の国到来への信仰的傾注も、まして神の国建設への実践的熱意もないままに推移してきたのではないか」（稲垣編、六〇頁）と述べつつ、賀川の「神の国運動」を高く評価し、その思想と活動を紹介している。確かに、賀川による「神の国運動」は一九二〇年代の日本のプロテスタント教会に大きな影響を与えた。しかし、「神の国」建設運動は賀川だけではなく、賀川の実践主義を批判した海老名弾正、日中戦争を経て預言者的発言をした矢内原忠雄、建築活動で著名なW．M．ヴォーリズ（一柳米来留）、日本キリスト教婦人矯風会（以下、矯風会）の中心メンバーであった久布白落実なども独自の理解を展開させた。

㈠賀川豊彦の場合

一八八八年　神戸に生まれる。
一九〇四年　十六歳の時にキリスト教の洗礼を受ける。

一九〇九年　神戸の新川にて貧民救済事業を行う。
一九一三年　芝ハルと結婚。
一九一四年　アメリカのプリンストン神学校へ留学
一九一七年　帰国後、神戸で活動再開
⇩　この間、様々な組合を結成
一九二六年　「神の国運動」を開始
⇩　組合活動、反戦活動など
一九五五年　ノーベル平和賞候補にあがる。
一九六〇年　七十一歳で召天

賀川豊彦

周知の通り、賀川のキリスト教思想と実践活動を結びつけるキーワードの一つは「神の国」であった。金井新二は、隅谷三喜男の賀川論から「貧民窟のただ中で社会悪と戦う賀川の中にこそ彼の思想と人格とを見出すべき」との言葉を引用しながら、賀川によるキリスト教の本質の見極めが「宗教的実践のリアリティー」によりなされ、それはまさに徴税人や姦淫の女と共にされたイエスの実践からなる「イエスの模倣」であったとした（金井、三一六－三二一頁参照）。具体的には、未来を仰ぐ抽象的な「神の国」を語るのではなく、

「神の愛の働き」、「神の愛が支配する現実」すなわちイエスに倣う「贖罪愛の実践」にあった（稲垣編、六六頁）。加山によると、「贖罪愛の実践」こそが「神の国の内実であり、神の国実現のために、教会や個々のキリスト者をはじめ、すべての人に促されている」（稲垣編、六七頁）のであり、社会的、実践的、具体的側面を持つ「神の国」を示していた。また、土肥昭夫も賀川の「『神の国』には成長、競争、淘汰、補佐（解放）、互助の諸法則が存在」（土肥、二八九頁）し、この法則は「個人のみならず、社会の原則でもある」（土肥、二八九頁）としながら、「神の国の精神をその宗教的方面、すなわち赦罪とし、神の国の原理をその倫理的方面、すなわち隣人への愛とした。（略）A．リッチュルのいう贖罪と神の国の二元論的見解を斥け、両者を同一のものの両面とし、キリストの贖罪を個人のみならず、全世界に及ぶもの、神の国をキリスト教道徳の行われるところとするよりも、キリストによって贖われたものの団体とした」（土肥、二六八－二六九頁）と賀川の「神の国」理解を説明している。

一九二九年から三十三年にかけて実施された日本基督教連盟主催の「神の国運動」は、賀川の「案に基づく全國的傳道運動を計劃」（海老澤編、一頁）し、賀川が「神の國運動案を提議すると共に、向ふ二ヶ年間自らその全時間を捧ぐべき決意」（海老澤亮編、一－二頁）を示した。超教派によるこの活動の始まりは、一九二九年十一月に東京で「神の国運動宣言信徒大会」が挙行され、翌年から各地で信徒大会や修養会が行われた。その宣言書には「現代の要求は神の國の福音である。悩める現代は個人的にも社會的にも、救の本質的生命を具備せる神の國の福音に聴かねばならぬ。暗雲に蔽はれたる此世を救ふ唯一の光は、カルバリ丘上の十字架より輝やき出でて、黒雲の銀橡の如くに神秘の光明を投げかけてゐる」（海老澤編、二頁）と記されており、賀川が強調したイエス・キリストによる贖罪愛に根ざした神の国運動の実施を促している。その具体的な内容は次の通り（海老澤編、九頁）。

一、人の権利と機会の平等
二、人種及民族の無差別待遇
三、婚姻の神聖、貞操に対する男女同等の責任、家庭生活の保護
四、女子の教育、社會、政治、及産業界に於ける位置の改善
五、兒童人格の尊重、少年労働の禁止
六、日曜日公休法の制定（賃銀の支給を豫期す）
七、公娼制度の廢止、及之に類する營業の徹底的取締
八、國民的禁酒の促進

九、最低賃銀法、小作法、社會保險法、國民保健に關する立法の完備と施設
十、生産及消費に關する協同組合の奨勵
十一、傭人、被傭人の間に適當なる協調機關の設置
十二、勞働者教育の普及及徹底、合理的勞働時間の制定
十三、所得税及相續税の高率的累進法の制定
十四、軍備縮小、仲裁々判の確立、無戦世界の實現

賀川の案を盛り込んだ三年にわたる「神の国運動」は、国民の日常生活に関わる当時の社会的課題に対する実践活動と強く結びついていた。このような社会的救済こそ聖書が語る「神の国」建設の大きな枠組みであることを賀川は信じて疑わなかった。ところが、この「贖罪愛」に基づく実践活動を冷ややかに眺める神学者がいた。それが海老名弾正である。

㈡海老名弾正の場合

一八五六年　福岡県柳川に生まれる。

一八七六年　キリスト教の洗礼を受ける。同志社で新島襄に学ぶ。
一八七八年　群馬県に安中教会を設立。
一八八二年　横井みや子と結婚。
　　⇩　　　日本組合基督教会の前橋教会、本郷教会、熊本教会で牧師として働く。
一八九〇年　日本基督教伝道会社社長に就任。
一八九三年　神戸教会牧師に就任。
一九〇〇年　月刊誌『新人』創刊
一九〇九年　月刊誌『新女界』創刊。
一九二〇年　第八代同志社総長に就任。
一九三七年　召天

海老名弾正

人々の日常生活のただ中で、イエスを模範とする「贖罪愛」を実践するところにキリスト教の本質を見出し「神の国」をこの世に建設する手段であると説いた賀川豊彦に対して、海老名は批判的な態度を示した。

洪伊杓によると、海老名の「神の国」理解には段階があり、①欧米の「国民国家」の次元→日清・日露戦争を経て②欧米式の「帝国」への欲望をより積極的に掲げる→満州事変を経て③欧米式の「帝国」建設を掲げるのではなく、新日本精神の上に「帝国」の理想を建設することを目指したとした（洪、二二一頁参照）。この「新日本精神の上に帝国を建設」するとの野望は、韓国併合（一九一〇年）の過程において著しく現れ、現世的「神の国」建設のためには韓国併合という隣国の植民地化は「神の國の發展より觀たる識見である」（洪、二二一頁より再引用）と考えていた。つまり、「『国家』を基本単位とする『地上における神の国』建設を明確な目標として認識していた」（洪、二二一頁）と洪は分析している。海老名のように「国家」を「神の国」建設の単位とみなす場合、「神の国」なる「大日本帝国」がより拡張されることを祈願し、そのための実行を惜しまない。「神の国建設」の後には「神の国拡張」のために隣国の植民地化に対して無批判的な態度をとることは至って当然となる。そこには旧約聖書におけるユダヤ人の「選民思想」にも通ずる考え方が潜んでいる。すなわち、「大日本帝国」こそ「神に選ばれし国」という構図が成立し、日本及び日本人に与えられた特権を行使するという偏重した聖書解釈の上に成り立っていた。このような海老名の「神の国」理解を裏付けるものとして、洪は一九三五年に語られた次のような海老名の言葉を引用している。

新日本精神の立脚より觀れば、天地は神の國の建設せらるべき舞臺であり、而して神の子は神の國の市民であります。天地萬有を征服して、神の國を建設すべき使命を有する神の子の國は、道義の國であって、深く人心の奥底に根ざすものであります。それは古來より大日本は神國なりと稱するその神國の裡面に建設せらるべき所の深遠弘大なる神の國であります。（海老名、二二頁）

海老名は、「神の國を建設すべき使命を有する神の子の國」がまさに古来より「神国」と呼ばれてきた「大日本」であり、ここにこそキリスト教が語る「神の国」も建設されるという理想を語っている。これは森元首相が発言した「日本の国、まさに天皇を中心としている神の国である」との言葉と比較すると、海老名が述べた一九三五年当時の「神の国」理解から何も変化していない。選ばれし民としての日本の特権をアピールするために隣国に侵略し、世界大戦の道を選んでいったその頃と同じ発言が二〇〇〇年代においてなされたことになる。海老名やその弟子である渡瀬常吉による朝鮮伝道論は、このような背景の中で推進された。そこにはキリストの再臨を待望する終末論的意味の「神の国」は欠落し、この地上において一つの国を「神の国」と仕立て上げる現実的で具体的な形を持った「神の国」が演出された。このような理論に賀川のような「個人」の日常に入り込んだ実践活動は必要なかった。

我々クリスチャンには神の子の意識がある。この意識の内容には自ら王たるの自覚がある。又この自覚の内容には自主たり、自由たり、自制し、自治し得る能力が含蓄されて居ります。故に神の國は奴隷のない國であります。眞の社會、又國家は、神の子に由つて始めて經營せらるべきであります。この自由自治、又自制自主の精神は、今や日本人生抜の魂となつて來ました。(略)この神の子の意識は日本民族の精神の中に発生したのであつて、外から植ゑつけ、又は蒔きつけたものではない。實に日本人生抜の精神であります。(海老名、二三頁)

日本人が培ってきた宗教である神道の神概念や敬神精神では物足りなさがあり、真の「神の国」の市民になるためにはキリスト教の教えによって上書きされる必要性を説いた。しかし、神の子であるための条件は日本民族の精神の中にすでに発生しているため、そこにキリスト教の「神の国」を当てはめることによって最高の「神の国」としての「国家」が誕生することとなり、この「国家」の拡張により、この世は真の社会を形成することができると考えた。「神国日本」を拡大していくことによって「奴隷のない国」づくりを達成できるという「神の国」理解が成り立っていた。

㈢矢内原忠雄の場合

一八九三年　愛媛県今治市に生まれる。
一九一一年　無教会主義社である内村鑑三の聖書研究会に入門。
一九一三年　東京帝国大学法科大学政治学科に入学。
一九一七年　東京帝国大学を卒業。西永愛子と結婚。住友総本店に就職。
一九二〇年　東京帝国大学経済学部の助教授となる。（植民政策学）
欧米各国へ留学
一九三七年　戦時中の体制批判ととれる言論活動により東京帝国大学を辞職。
一九四五年　敗戦後、東京帝国大学教授に復帰。
一九五一年　東京大学総長となる。（一九五七年まで）
一九六一年　召天

古屋安雄は、「一九三一（昭和六）年に、満州事変が起こり日本が戦争時代に入るとともに、日本の教会は神の国について語らなくなる。神の国は、軍国主義的な『神国日本』と衝突するからである」（古屋、一九頁）とするが、矢内原はむしろ一九三七年の日中戦争が勃発した三ヶ月後に「神の国」と題する講演を行なった。矢内原は講演「神の国」の「危険性をはっきりと認識」（赤江、iii頁）しながらも、この世の反応について予め覚悟をしていたのだろう。それは、太平洋戦争を前にしたこの時代の日本の背景を考えると、命懸けの講演ではなかったかと想像できる。

では、矢内原は「神の国」をどのように語ったのだろうか。この点について、赤江は矢内原がこの講演で語った言葉に注目しながら、「ひとまずこの国を葬ってください、と矢内原は呼びかける。その言葉が、国体を否定するものとして問題とされた。」（赤江、iv頁）さらに、「矢内原の国家批判の過激さは、政治的なものであるだけではなく、同時に宗教的なものだからである」（赤江、iv頁）と分析するが、キリスト教が語る「神の国」を題材にしながら「日本の葬り」を願う表現は、すなわち海老名のように大日本帝国の拡大によって「神の国」が建設されるとの見解とは反対の、大日本帝国が一度十字架にかかり復活を果たさない限り真の「神の国」を建設することができないと説いたとみなすことができる。「矢内原は『天皇の人間宣言』を日本人の『神』概念の歴史における決定的な画期と見なしてい

矢内原忠雄

る。その上で、さらに天皇がキリスト教の〈神〉の前で『悔い改める』ことによって、日本が『神の国』の理想の実現へと近づくことになる、と考えて」(赤江、一九一頁) いたのだろう。しかし、戦後の日本の状況を省みる時、矢内原が語るようなプロセスを踏むことは容易ではなかった、また、矢内原は大日本帝国から日本国への変化と憲法の刷新により「神の国」が現世的な「平和国家」と同一性を見せると指摘している (赤江、二〇二－二〇三頁参照) が、矢内原が理想に描いた戦後の日本↓平和の国↓神の国の建設という流れは、日本に深く根を下ろしていた選民思想、排他主義から自由になれなかった。この現実を突きつけられた時、矢内原は「『神の国』の到来は『多数の力』―国民の悔い改め―によって起こるものであるとは考えておらず『キリストの再臨』という神の直接介入によるほかないと考えて」(赤江、二二七頁) いた。

矢内原が「神の国」について論じたのはこれだけではない。彼は一九四〇年四月から約一年間三十二回にわたって、日曜日の集会に先立ち土曜日に青年たちを集めて「神の国」をテーマに講義をしたことがあった。矢内原はアウグスティヌスの『神の国』論を用いて解説をしながら講義を進めた。当時この土曜日の講義に出席していた岡村欣一の証言によると、この講義は他の講義とは異なり「テキストによる方法を取らず、先生が本文の大要を口述されるところに聴講生が筆記してゆき、途中に必要な解説を挿入するという進め方」（岡村、二頁）であった。矢内原が講義した「神の国」は、アウグスティヌスの『神の国』の概要を述べた後、本文を読み、解説するという内容だったが、この時代背景を映し出す表現が並べられ、次のような矢内原自身の考えが込められた部分もあった。

目下東洋においても欧洲においても戦乱があり、国々が侵略され、崩壊し、道徳、宗教、政治、経済、社会等の諸観念が動揺し、国と人類の前途について人々が不安を感じている時に当り、神の国と世の国との関係につきclear明確な歴史観を持つことは、今日の私どもにとり非常に必要なことである。（矢内原・藤田編、一七頁）

だから神の国を述べるについては地の都も論じなければならない。どこにその差があるのかを一言にして言うと、この世というのは支配の欲の上に立っている。すなわち傲慢である。神の国というものは謙遜の徳の上に立っている。己れをしりぞけるということの上に立っている。ところがその違いを納得せしめることはじつはむつかしい。この世の人が議論するときには、この世というのは支配の欲という高ぶりを持っている。まずその人間的傲慢というものをくじかなければならない。（矢内原・藤田編、二五頁）

これは東アジアにおける「支配の欲」を剥き出しにする日本に憂いて語られたと受け取ることもできよう。また、敗戦後には、「神の国」はこの世における支配や富、権力や名誉などの欲から離れることであると記した。このような意味において「この国を葬ってください」との戦時中における発言は人間の「欲」を戒める役割を果たしていたことがわかる。

キリスト教は、人類の社会がこのまま進化して行つて、神の国が地上に成るものとは信じない。神の国はキリストを信ずる者たちの間に現に存在してをり、彼らの信仰に由りて地上に維持され、発展するのであるが、しかし神に逆ふこの世の勢力強大であつて、この少数のキリスト信者のエクレシヤを迫害する。しかしながら、この地上における神の国と世の権力との併行的発展は、いつまでも無限に継続するのではない。世の終において神の定めた時が満ちれば、天に昇り給うたキリストは再び地上に現れて、全世界をさばき、神に逆ふ者を滅し、神に従順なる者を聖別し、かくして神の国を地上に完成するであらう。これがキリスト再臨の信仰である。即ち個人の救が人間の努力によつては来らず、キリストの恩恵によつて与えられると同様、社会の救としての神の国も亦、人類の努力によつては来らず、神の恩恵によつて来る。神の国、即ち理想社会は自然的進化としては来らず、審判を通じてカタストローフの形で来る。かういふ意味において、天国もしくは神の国の地上実現は、現世的であると共にまた来世的でもあり、終末的である。（矢内原、二〇四頁）

㈣W・M・ヴォーリズの場合

一八八〇年　アメリカのカンザス州レブンワースに生まれる。
一九〇〇年　コロラドカレッジに入学。
一九〇二年　カナダのトロントで開催されたSVM（海外伝道学生奉仕団）に出席し、テイラー宣教師の講演を聴き海外伝道を決意。
一九〇五年　現在の滋賀県立八幡商業高校の英語教師に着任。
一九一〇年　建築設計会社「ヴォーリズ合名会社」設立。
一九一一年　キリスト教伝道団体「近江ミッション」（現、近江兄弟社）を設立。
一九一二年　月刊誌『湖畔の声』を創刊。
一九一八年　現在のヴォーリズ病院につながる「近江サナトリアム」開設。
一九一九年　一柳満喜子と結婚。

一九二〇年　ヴォーリズ建築事務所および近江セールズ株式会社設立。
一九二二年　現在のヴォーリズ学園の前身、清友園幼稚園設立。
一九四一年　日本に帰化
一九六四年　召天

建築家として知られるヴォーリズのキリスト教思想の中心に「神の国」が深く根付いていたことは、これまで扱った賀川、海老名、矢内原などに比べ研究テーマとして取り上げられることは少なかった。しかし、ヴォーリズ学園同窓会会報の名が「神の国」であることからもわかるように、ヴォーリズの日本での活動の目標はまさに「神の国」建設であり、それは生涯一貫して変わることがなかった。ヴォーリズは二十四歳の若さで単身、滋賀県近江八幡市に到着してから英語教師として働き、学校でバイブルクラスを開くなどキリスト教伝道に熱心だった。それは、その後も建築事業や常備薬（現、近江兄弟社メンターム）販売事業、満喜子がはじめた幼稚園事業から教育事業の拡大など、その全てにおいて目標と掲げたテーマが「神の国」建設であったからだ。

ヴォーリズは自著『失敗者の自叙伝』で、聖書のマタイによる福音書十二章及びルカによる福音書二十一章に記されているレプタ二枚を献げた女性の話から、「神の国」について次のように記している。

私たちが、容易に都合の着くものを出すなら、それは決して真の「ささげ物」ではない。神の国の事業を支持するため、個人的な必要を犠牲とするのでなければ、われらは、真に神の国に尽くしている者とは言えない。ささげる物の多い少ないは、奉仕をはかる基準とはならない。（一柳『失敗者の自叙伝』、六六頁）

神の召しにより自らが決断し、見知らぬ国である日本に飛び立つという実行力を持つヴォーリズにとって、「神の国」をこの世に実現させることは基本的に「奉仕の実践」が伴わなければならなかった。それは理屈であるよりも行いが伴う「隣人愛」の実践であり、ヴォーリズもまた賀川同様、実践活動の重要性を説いていた。

ヴォーリズは建築事業だけではなく様々な事業を展開したが、一九一二年から現在に至るまで近江兄弟社出版部の湖声社から発行されている月刊誌『湖畔の声』などの機関紙発行も手がけた。ここに「神の国」理解を探るための大きな手掛かりがある。例えば、ヴォーリズの書簡の中に次のような文章がある。

キリストのご計画には二通りありました。一つは、「悔い改めよ」（マタイによる福音書三章二節）で、今一つは、「ただ神の国を求めなさい」（ルカによる福音書十二章三十一節）でした。そこでこのお言葉によると、私たちは自分一人の救いだけでなく、私たちの隣人にもその真理を拡めて、お互いに理想社会の建設に努めるべきです。

この神の国、理想社会の建設を念頭に置いて日常の生活や商取引を行う時に、私たちは全く無関心であったり、横道に反れたりするはずはありません。自分自身にとってもまた、周囲の方々にとっても、満足なものとなります。（「ある友人への手紙」から、一九二七年『湖畔の声』一月号。ヴォーリズ『神の国の種を蒔こう　キリスト教メッセージ集』、一二二頁）

ヴォーリズはここで明確に、「神の国」建設は「理想社会の建設」であると述べて、それは個人の救いを求めることではなく、隣人にまで救いが及び広がっていくことだと考えている。ここでの救いは

W.M. ヴォーリズと一柳満喜子
提供：財団法人近江兄弟社

「真理」（イエスがキリストであること）を知ることであり、「真理」は独り占めされるものではなく、人間の「理想社会」建設のために隣人に伝えるべきであると説く。また、個人の救いのためには「神の国」のために自制し奉仕しなければならない、と次のように述べる。

私たちが真に神を父として愛するならば、預けられたものを乱用することはできません。たとえば、私たちの身体も神から預けられたものですから、酒や煙草のような毒物で汚してはなりません。私たちの財産は私たちが贅沢するために預けられた物ではなく、これを用いて社会を改良し、神の国とするためのものです。（「私はキリスト教をこう考える」から、一九三五年『湖畔の声』三月号、ヴォーリズ『神の国の種を蒔こう　キリスト教メッセージ集』、一五〇頁）

もとは皆神のものであって、私の物は一つもない。自分のものと思われるものは実は皆神からの預かり物である。そうして見ると、人は神様の番頭、執事といったようなもので、その預かり物で神の国のために働かなければならない。

（略）私たちの手にあるものは皆神のものだ、だから神の国のために使わなければばならない。（「逆流するキリスト道」、一九三六年『雲の柱』十月号、ヴォーリズ『神の国の種を蒔こう　キリスト教メッセージ集』、一六九－一七〇頁）

ヴォーリズの「神の国」理解は、賀川と似た実践主義であると同時に、個人の救いは精神的な部分と社会への実践活動だけに留まらず、自らの身体に対する自制を求めるという点で、次に紹介する久布白落実が所属する矯風会などとも共通点をみせている。この背景について、奥村直彦はヴォーリズ「自身その中に生育したカルヴァンの流れを汲むプロテスタントの信仰と伝統が土台」（奥村、一五一頁）となっているとしながら、カルヴィニズムの特徴である「禁欲生活」の影響から、ヴォーリズも「禁欲的で聖潔な生活を信仰の標識として、厳格で合理的な生活を自主的に保とうとした点では典型的なカルヴィニズム的ピューリタンであったとも言える」（奥村、一五一頁）と述べている。

ヴォーリズは牧師や宣教師ではなかったものの、イエスがキリストであることを宣べ伝える手段として建築という賜物を用いて、「神の国」建設は全てのキリスト者に等しく託された仕事である、と次のように記している。

宗教の本当の価値を見たいならば、信徒の日常生活とその人格、事業に対する熱心さを見なければなりません。ですから、神の国の運動を自ら行いたいならば、どうしたらできるのか、これはそれぞれの人が考えるべき重要な問題です。

ある人は、神の国の運動は神学校に行って勉強し、牧師や伝道師にならなければ、つまり一定の神学を知らなければできないのではないかと心配します。もちろん、教会の指導にあたるためには、神学の研究は専門的にやらなければなりませんが、知識がないから伝道ができないと思うのは大きな間違いです。一信徒として充分に伝道の運動ができます。ある場合には、専門家以上の直接伝道ができるのです。(「一信徒の使命」から、一九五〇年『湖畔の声』二月号、ヴォーリズ『神の国の種を蒔こう キリスト教メッセージ集』、一九九頁)

「神の国」運動は牧師や伝道師という教会指導者に限られた活動ではなく、様々な賜物が与えられた自らの仕事や日常生活に現れる人格によって十分にやり遂げることができるとしている。また、六十年近くにわたる日本滞在の中で、まだ来日十年目の頃から「クリスチャンの使命は、神の国がすでに実現されたものとして、すべての人にこの高い道徳を果たすことでありまして、隣人にこの道に対する心構えと精神を吹き込み、神の国の設立の助けとするのです。これは偉大な事業です。神の御心です。神のなさることですから必ず成功します。」（「クリスチャンの使命」から、一九一五年『湖畔の声』三月号、ヴォーリズ、五一頁）と語り、キリスト教信仰を土台にした日本や東アジアでの建築活動は、現在でも人々に大きな影響を与えている。

ヴォーリズのこのような「神の国」建設は近江兄弟社各部門へと受け継がれている。一粒社ヴォーリズ建築事務所の姿勢について筆者は、二〇二一年九月号の『湖畔の声』で次のように評した。ヴォーリズの精神を継承しようとする建築事務所の意気込みを紹介しておく。

「ヴォーリズの考える家には、形ある建築物の中に常に人の匂いを嗅ぎ取り、手を添えるような姿勢が垣間見える」と述べられているように、決して高級で、華麗さを醸し出そうとしたものではなく、人間臭く、私たちの日常と何も変わらない、けれども小さな者や弱い者に愛情を注ぐことを怠らない、「イエスに倣う」決意を感じさせます。このように、こどもたちが中心にいて、彼らの心身の健康を守る人々が周りにいる、何気ない、ありふれた日常の中にこそ「神の国」が存在し、「キリストの平和」が実現されると建築を通して表しているように思います。それは、キリスト教的な観点からみると、「信仰告白」なのです。

『吾家の設備』の最後には現在のヴォーリズ建築事務所の事業目的が記されています。私はこの文章を読み、ヴォーリズが夢見た「神の国」は確かに継承されていると確信しています。そこには、建築という世界において新しさを追うことで人の関心を集めるために特定の型にとらわれるのではなく、また反対に古さを固持して新しさに挑戦する姿勢を放棄するのでもなく、建築事業の目的はあの頃のヴォーリズの思いと変わらず「そこに住まう人の心を豊かにすることでありたい」(W. M. ヴォーリズ『ヴォーリズ著作集2吾家の設備』、二一五頁)と書かれています。なぜならば、「人の住居はその人を現す」(W. M. ヴォーリズ『ヴォーリズ著作集2吾家の設備』、二二頁及び二一六頁)からであり、「人間の根本問」(W. M. ヴォーリズ『ヴォーリズ著作集2吾家の設備』、二二二頁)に関わる仕事だからです。プライドや劣等感から解放された、神と人との前で謙虚に「祈りつつ前進」するその姿に敬意を表したいと思います。(神山『湖畔の声』、八ー九頁)

四、女性キリスト者の「神の国」理解ー矯風会と久布白落実

一八八二年　熊本県鹿本郡に生まれる。

一八九六年　女子学院に入学。
一九〇六年　矯風会会頭であり、大叔母である矢島楫子と共に米国ボストンで行われた矯風会世界大会に出席。
一九一〇年　久布白直勝と結婚し、米国のシアトルへ。
一九一六年　矯風会の総幹事に就任。廃娼運動に尽力する。
一九二〇年　夫・直勝が死去。
一九二八年　エルサレムで開催された第二回世界宣教会議に日本代表として出席。
一九六二年　矯風会会頭に就任。
一九六六年　日本基督教団正教師試験に合格し、按手礼を受ける。
一九七二年　召天。

女性キリスト者団体として長い歴史を持つ矯風会は、日本にプロテスタント・キリスト教が伝えられた後一八八六年に設立、月刊誌『東京婦人矯風雑誌』が発行されたのは一八八八年であった。現在も『k-peace』という名称で引き継がれ、女性やジェンダーに焦点をあてつつ世に発信する活動を続けている。その中で、設立初期から戦後に至るまで中心的役割を担い、機関紙『婦人新報』への投稿数の多さと文章力に長けた人物が久布白落実であった。また著書『廃娼ひとすじ』には彼女の人生をかけて取り組んできた廃娼運動について詳細な内容説明とキリスト教を土台とした運動の必要性について記されている。

「神の国」理解を語るために女性キリスト者の中で久布白を選択した理由は、『婦人新報』に「神の国建設」や「純潔日本の建設」をテーマにして書かれた文章が他の執筆者よりも多いこと、さらに巻頭言、社説などと彼女の文章がトップページを飾ることが多かったことから矯風会あるいは女性キリスト者への思想的影響力も強かったと考えられるからだ。ここでは、男性キリスト者を中心として考察されてきた「神の国」理解に、女性キリスト者の見解を加えることでより幅広い日本のキリスト教界における「神の国」思想を分析する。

賀川豊彦を中心とした一九二〇年代から三十年代の「神の国運動」は当時の女性キリスト者へも影響を及ぼした。初代会頭の矢嶋楫子や久布白落実、ガントレット恒子、林歌子など歴代会頭と共に中心的役割を果たした守屋東は、一九三〇年に「神の国運動」が起こったことを報告する文章を残している。(守屋東「このごろ　神の國運動・總選擧　婦人ホーム」、『婦人新報』三八四号、婦人新報社、一九三〇年、三八頁)また、同年、矯風会による「神の国運動」の在り方については次のように記されている。

一、神の國運動は廢娼、禁酒問題に關し組織的に廢娼聯盟、國民禁酒會其他の諸團體と協力する事
二、特定日を定め教壇より會衆に對して右に關し興味と熱心を喚起することを務むる事
三、廢娼、禁酒に關する文献を豊富に配布し且神の國新聞の廢娼、禁酒號を發行する事（「神の國運動と矯風會」、『婦人新報』三九一号、婦人新報社、一九三〇年、三三頁）

矯風会にとっての「神の国運動」とは、それまで会が第一の目標として掲げてきた禁酒・禁煙・廃娼から始められることが基本認識となっていた。このような点は、貧民救済と隣人愛を実践してきた賀川とも、大日本帝国における「神の国」建設に邁進した海老名とも、その大日本帝国に政治的な疑問を投げかけつつ預言者的な先見の明を持った矢内原とも異なる視点だが、カルヴィニズムの信仰教育の下で育ちキリスト教伝道に尽力したヴォーリズとは類似点が見られる。

またその後、ガントレット恒子が、矯風会が取り組んできた婦人参政権獲得の運動と「神の国」運動とのつながりについて「此尊い奉仕的事業や運動は所謂神國擴張運動であ

ります　此運動完成の爲にこそ婦人の政治的進出が必要であるのです、（略）婦選獲得は決して『婦人極楽』の出現ではありません、参政権は神國建設の爲に必要であるに過ぎないのであります」（ガントレット恒子「基督者婦人に訴ふ」、『婦人新報』四二四号、一九三三年、婦人新報社、一八頁）と、婦人参政権獲得によって「神の国の拡張」を成し遂げるとした。

　一九三五年、久布白によると矯風会が設立されて取り組んだ運動が「純潔運動」であった。この場合の「純潔」とは、「海外醜業婦」と「一夫一婦制」の問題を取り上げることであった。（久布白落実「純潔問題」、『婦人新報』四四二号、一九三五年、婦人新報社、一四頁）この「純潔問題」の解決方法として「片足は教育であり、他の片足は防貧である」（久布白落実「社説」、『婦人新報』四五三号、一九三五年、婦人新報社、五頁）とし、

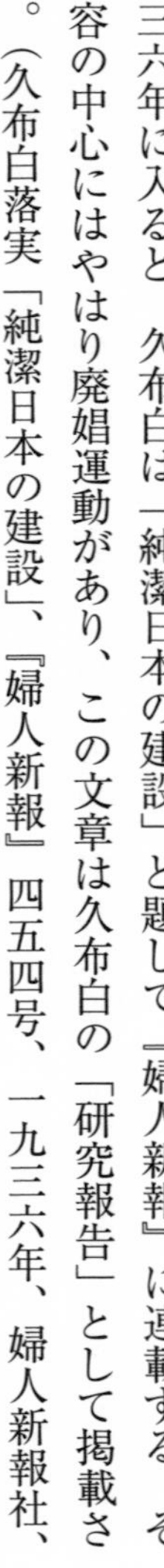

一九三六年に入ると、久布白は「純潔日本の建設」と題して『婦人新報』に連載する。その内容の中心にはやはり廃娼運動があり、この文章は久布白の「研究報告」として掲載された。（久布白落実「純潔日本の建設」、『婦人新報』四五四号、一九三六年、婦人新報社、六－一一頁）

久布白落実

さらに、日中戦争が勃発した一九三七年には「神の國の建設」と題して久布白による記事が連載された。

我國に神の國を建設すると云ふ事は何等國家の政策と矛盾するものではない。これは即ち精神王國の樹立であつて、「汝の中にあり」と云ふ千古不滅の原則の上に立つて居る。我等が眼に見えぬ神の心に従はんとして、この精神王國の建設に努力する時、其の妨げを為すアルコール飲料、不純なる生活これ等を退治する事は、當然の行程である。（久布白落実「修養　神の國の建設」、『婦人新報』四七二号、一九三七年、婦人新報社、四頁）

久布白はここで矯風会の目標として掲げた禁酒と「不純なる生活の退治」を挙げており、「神の国建設」＝「精神王国の建設」＝「禁酒と廃娼の実践」との図式を成立させている。

「神の國は爾曹の中に在り」で我等の人格其ものが、一つ々々礎石となるのである。人格の建設は故に取も直さずこの大事業の基礎工事である。（略）前號、神の國建設の基礎工事に酒を排することを記した。人格の基礎工事に最一つ

缺く可らざるものは純潔である。性生活の純潔である。（略）

然し純潔と云ふ事は、そんな狭苦しいものではない。我等の云ふ處、少くともキリストの青年男女として考ふる時、それは満ち満ちた生活である。（略）

我等は我等の國を樹つる上に於て、我等の最後の目的である神の國の建設事業、其礎石たる我等の個々の人格の建設に於て、其根本條件なる純潔なる生活、然かも豊富にして積極的なる純潔なる生活を築き上げ度いものである。（久布白落実「修養神の國建設の礎石」、『婦人新報』四七三号、婦人新報社、一九三七年、四－五頁）

「神の國の用材は潔き事が其第一條件である」（同書、五頁）と語っているように、本来「排酒・純潔・平和」を三大目標としていた矯風会であるが、「純潔」は「神の国」に入るための何よりの条件となっていた。この「純潔運動」に関しては敗戦後も変わらず矯風会の大きな目的として掲げられ、そこでは常に久布白が中心的役割を担いつつ執筆活動と実践活動が行われた。ところが、一九七二年に久布白が召天した後、一九八〇年代には久布白がこだわり続けた「純潔」という言葉の意味について矯風会内で議論が起こり、最終的には「純潔」という言葉のニュアンスが相応わしくないとの理由から「性・人権」との表現を選択することとなった。しかし、この過程で矯風会は分裂の道を歩むことになっ

た。(拙稿『女たちの日韓キリスト教史』参照)

敗戦後も矯風会は「神の国建設」のためにこの世に奉仕する団体であるとの決意に変化はなかった。この世への奉仕は廃娼運動、禁酒運動、禁煙運動など敗戦前から継続しつつも内容に変化を見せながら、「社会悪」に焦点を当てて現代的課題に対してより目を開くようになっていった。六〇年代後半になると、日本の戦争責任や慰安婦問題などを取り上げ、廃娼運動は日本男性による海外買春旅行に対する批判へとつながった。このように、戦前の女性キリスト者たちは、男性キリスト者がさほど関心を示さなかった廃娼、婦人参政権獲得など女性の人権や地位向上のための運動を「神の国建設」の核と捉えていた側面があり、敗戦後には日本の戦争責任について、慰安婦問題や日本男性による海外での醜態を暴露し批判することで「神の国建設」の一翼を担う動きに従事した。

五、おわりに—北東アジアの平和と新しい「神の国」の模索

「何よりもまず、神の国と神の義を求めなさい。」(マタイによる福音書六章三十三節)と命じられている私たちは、「神の国」を建設し、「神の国」を宣教し、また終末に訪れる「神の国」を待望する。イエス・キリストなる神の支配がこの世に訪れることを祈り求める。しかし、その建設、宣教、待望の方法が問われる。なぜならば、日本は特に北東アジ

ア地域において「神の国」を「神中心」の「神の支配」によるものではなく、むしろ自ら＝「日本」を中心に据えた偏重した概念としてとらえた時代があったからだ。

新しい「神の国」の模索について、稲垣久和は「キリスト者がイエスの『神の国は近づいた』というメッセージに真摯にコミットしようと努力しているならば、そしてそれを他者と共有しようと努力しているならば、それはそれで宣教の健全な姿、すなわちキリスト者としての使命感に生きている姿」（稲垣編、一六六頁）であるとしながら、その内容は「市民的公共性」を保たなければならないとしている。この「市民的公共性」とは「同胞の間に山上の説教の価値観、特に幸福論が達成されているかどうか、（略）キリスト者や教会が公共的に市民の『幸福』に資し、（略）人間を人間として『神の像』として承認する社会に生きている」（同書、一六六頁）ことだ。そのためにはキリスト教宣教の捉え直しが必要となり、「『神の国』の価値観への賛同者を増やせるコミュニケーション能力、ここに今後の日本宣教の鍵がある」（同書、一六六頁）と述べる。そして、私たちが自ら認識する世界は、①自然的な意味の世界、②心理的な意味の世界、③社会的な意味の世界、④スピリチュアルな意味の世界の四つに分けられ（同書、二〇〇－二〇一頁）、「神の国とは今日においても神の現実の時間空間の支配全体のことである。だから神の支配は社会の四セクターすべてに及んでいる。問題はこれらセクター間に、神から委ねられた生活領域の主権（領域主権）をわきまえない主権侵犯がたえず起こることである。政府は政府として企業は企業として、神から委ねられた範囲内の権限を行使して、人の幸福に資していこうとするならば、それはそれで健全な神の国の統治である」（同書、二〇五頁）とした。このような「キリスト教の公共性を考える第一歩」（同書、二〇九頁）として、稲垣は次のように提案する。

現代における「神の国」運動とは何か。イエスの出来事から二〇〇〇年経った今日、それは歴史的にこの場所において、人々の渦巻く「欲望」と同時に様々な構造化された「悪」と戦いつつ、「友愛と連帯」に賛同する人々との協働の中で、キリスト者が積極的に市民社会形成のリーダーシップを発揮すること。それによって主権者イエスが単なる親密圏の王から公共圏の王であることを証しつつ悲惨な世の回復に労すること、そして主イエス・キリストの再臨による「神の国」の完成を待ち望みつつ歩むこと、これである。（同書、二二九－二三〇頁）

筆者はここで、稲垣が語る「人々の渦巻く『欲望』と同時に様々な構造化された『悪』と戦う」ことについて、日本の教会やキリスト者が求めてきた「神の国」は「親密圏」という殻を破ることができず、至極手の届かない理想郷だったのではないかと考える。例えば、キリスト者が所属する教会があり、その教会が属する教団があるとする。教団の学びの中で牧師や教会の代表者は、この社会における「友愛と連帯」を実現させるための方法を教えられる。特に、戦後においては戦争責任との関係から人間の「欲望」と構造化された「悪」に対する悔い改めが各プロテスタント教団を通してなされることもあった。しかし、この学びや気づきは各教会やそこに集う個人（キリスト者一人一人）にまで行き渡っている感覚が残念ながら筆者にはない。つまり、教団、教区、分区など教会代表者が集う場で行われる現代的課題に関する学びと気づきの時は、各教会やキリスト者個人にまで落とし込まれていないのだ。障がい者、高齢者、男性と女性、大人とこども、ジェンダー、在日コリアン、外国人労働者、など多様な社会の課題に対して、「キリストのからだ」を担う一つの教会は、また一人のキリスト者は「親密圏」＝「各教会」に留まらず、「公共圏」にいる「隣人」から学び、気づかされ、構造化された「悪」に共に抗う姿勢こそ、稲垣が述べる「公共圏」との交わりであり、イエスがなされた言動に倣うことではないだろうか。

筆者の専門分野である日韓キリスト教史から眺め、北東アジアにおける平和実現のための具体的な私見を述べるならば、日本による植民地化が朝鮮の近代化に役立ったなどという愚論ではなく、朝鮮に対する日本の蛮行に朝鮮の多くの人々はどう感じたのかを知り（相手の声に耳を傾け、自らが相手の立場であったらと想像する力）、認め（謙虚に学ぶ姿勢）、教育する（学んだことを伝える）ことだ。これを実行するヒントとしてロバート・リーによる日本の教会への提案に耳を傾けたい。

社会および国家は、天皇を頭とするひとつの家族として統一されていった。（略）戦前から戦後に移る中で主権の担い手が天皇から国民に転換したにもかかわらず、この聖なる国家が最高の忠誠の対象であり、市民としての個人的アイデンティティを支えるものであり続けた。（デイヴィッド・ボッシュ、一八頁におけるロバート・リー「まえがき」から。）

リーの指摘は、「市民としての個人的アイデンティティ」が結局天皇を頭とする「国家」に吸収され、表面的な国民主権に陥ってしまっているということだ。つまり、そこで稲垣が語った「市民的公共性」は奪われている。これを踏まえ、リーは「不可避な日本の宣教学的課題」として「天皇制とキリスト教宣教」の問題をあげ、「日本のキリスト者は依然として『不可避なる宣教学的課題』である天皇制、あるいは『キリスト教社会』の神道版に直面している。日本人のアイデンティティは神聖なる日本社会を今も枠組みとしており、その内在化された文化的基盤は国家、国民、そして天皇を神聖化するのである。この日本文明の内在的性格は、超越的要素に欠け、自己完結的で個別主義的である」(同書、二五頁)と評した。日本のキリスト教が「神の国」を求めるためにはこの「自己完結的な個別主義」に陥っていることに気づき、そこから脱するために「市民的公共性」を保つ道を歩まなければならない。「自己完結的で個別主義的な」日本社会におけるキリスト教信仰は、いわば個人の救いのみを求める個人主義的な信仰(自分さえ良ければ良いという保身)に陥ってしまう。日本社会における教会やキリスト者は、それぞれの力に合った方法と手段で「公共圏」の救いのために社会の様々な課題に参与するべきではないか。そうして、日本社会における「友愛と連帯」が、朝鮮半島や中国という北東アジアとの「友愛と連帯」へとつながっていく。二十一世紀、いまだに「日本の国、まさに天皇を中心としている神の国」という言葉がまかり通るような「日本」では北東アジアの平和が程遠いことを肝に銘じ、「市民的公共性」の価値を想像することすら不可能な偽善者になるほかないだろう。矢内原が語った「日本の葬り」は今こそ必要なのかもしれない。

参考文献

海老澤亮編『神の國運實施報告（第一期三ヶ年間）』、神の國運動中央事務所、一九三三年
海老名弾正『新日本精神』、近江兄弟社出版部、一九三五年
矢内原伊作・藤田若雄編『矢内原忠雄　土曜学校講義　第二巻』、一九七一年
岡村欣一「土曜学校に学んで」『土曜学校講義』月報Ⅷ（第二巻付録）、みすず書房、一九七一年
久布白落実『廃娼ひとすじ』、中央公論社、一九七三年
矢内原忠雄『キリスト教入門　キリスト者の信仰Ⅰ』、岩波書店、一九八一年
金井新二『「神の国」思想の現代的展開―社会主義的・実践的キリスト教の根本構造』、教文館、一九八二年
土肥昭夫『日本プロテスタントキリスト教史』、新教出版社、一九九八年
入江曜子『日本が「神の国」だった時代』、岩波書店、二〇〇一年
デイヴィッド・ボッシュ著、東京ミッション研究所訳『宣教のパラダイム転換下巻―啓蒙主義から21世紀に向けて―』、東京ミッション研究所、二〇〇一年
奥村直彦『ヴォーリズ評伝　日本で隣人愛を実践したアメリカ人』、港の人、二〇〇五年
古屋安雄『神の国とキリスト教』、教文館、二〇〇七年
一柳米来留『失敗者の自叙伝』近江兄弟社湖声社、第三版第三刷、二〇一四年
ウィリアム・メレル・ヴォーリズ『神の国の種を蒔こう　キリスト教メッセージ集』、新教出版社、

二〇一四年
W・M・ヴォーリズ『ヴォーリズ著作集1吾家の設計』、創元社、二〇一七年
赤江達也『矢内原忠雄　戦争と知識人の使命』、岩波書店、二〇一七年
稲垣久和編『神の国と世界の回復―キリスト教の公共的使命』、教文館、二〇一八年
第二章　加山久夫「賀川豊彦における神の国と教会」
第四章　黒住真「天皇を中心とする日本の『神の国』形成と歴史的体験」
第五章　稲垣久和「神の国と公共性の構造転換」
洪伊杓『海老名弾正の神道理解と社会思想形成』、京都大学大学院文学研究科博士学位論文、二〇二〇年
神山美奈子『女たちの日韓キリスト教史』、関西学院大学出版会、二〇二一年
神山美奈子「真の『神の国』を求めて～建築で表す義と平和と喜び」『湖畔の声』、湖声社、第一二五五号、二〇二一年九月号

第八章　台湾の民主化運動における台湾基督長老教会の役割

黄哲彦

前書き

新型コロナウイルスが全世界に拡がっている昨今、台湾は世界の国々から注目を集めてきた。というのも、台湾の感染対策が新型コロナウイルスを効果的に抑制することに成功し、同時に国として「台湾は助けることができる／助けている」とのスローガンのもと、世界各国に医療用マスクなどの援助をおこなっているからである。台湾の民主化と自由は、新型コロナウイルスによって再び注目されるようになってきた。

台湾と日本、台湾とアメリカとの関係がますます緊密になっており、中国の大望は世界の国々にとって、特にアジア太平洋地域の国々にとって不安要因のひとつとなっている。国際社会は、中国と台湾の緊張関係によって戦争が起きる可能性が高いと見ている。台湾と中国は、政治的発展や歴史的進路において二つの異なる国家である。中国の軍事活動、外交威迫などの脅威のもとに、台湾は民主化へと進み、中国とよりいっそう乖離するものと思われる。

台湾基督長老教会は、この民主化の流れに深く関わっており、他のキリスト教派から「政治的教会」、「福音を宣べ伝えない教会」、「祈らない教会」などといった批判を受けている。キリスト教会は常に「平和」を望んでいるが、どのような「平和」を望んでいるかと聞けば、明確に答えることのできないキリスト者が多いのではないだろうか。

聖書学者ブルッゲマンが指し示す、旧約聖書におけるシャロームのモデルを援用しつつ、台湾基督長老教会が台湾民主化のプロセスにおいていかなる役割を演じているのかを解明したい。

一、聖書における「平和」のモデル

聖書学者W・ブルッゲマンは、旧約聖書に記されているシャロームには二つのモデルがあると述べている。この二つのモデルは、いつも置かれているコンテクストのなかから生み出されたものである。

まずは、「持たざる人々」のモデルである。これは「『申命記的』と呼ばれている資料のなかにあるモーセ—ヨシュア—サムエルの預言者の伝統[1]」である。このモデルは、捕囚という不安定な状態において神に呼び声を上げて救いを求めるものであり、また「イスラエルの人々が自分たちの信仰を表現する最も重要な方法のひとつ[2]」でもある。「キーワードは『叫びをあげた』と『救う』である。イスラエルは叫び声をあげる民であり、ヤハウェは救う神である。これが契約に表現されたかたちである[3]」。

「叫ぶ—救う」という関係において、イスラエルの人々のアイデンティティーは成立する。苦難と危機に直面するとき、神に向かって叫び声をあげて、神が手を出すことによって救われる場合と、神が手を出さないことで苦しみ、無力な状況に陥るといった経験をすることによって、人は神を認識する。これは「救済の神学」である。ブルッゲマンはこのモデルにおいて、神に関する理解を次にように述べる。

「彼らは自らの生存と救済のヴィジョンを求めて叫ぶ、依存する民であると考える。不安定で生き残ることに懸命な民は、神を、力強く男性的で変化をもたらす介入者として想像する[4]」。いわゆる、神が人間の生活において強力な介入者であるとここでは認識されている。

第二のモデルは、救済に対して異なる道を歩む。それは、「不安定感がなく、生き残りの心配もあまり要らない人々の一連の伝統である。…これらの伝統は生活が不安定ではなく、適切な管理と喜ばしい祝福についての問いを抱く「持てる人々」から出現し、彼らの状況を映している[5]」。彼らの神学思想は救済ではなく、祝福を中心としているのであり、また、神に叫び声をあげるのではなく、讃美の歌を歌うのである。彼らは安定を喜び、祝福が続くことを切に願っており、自信満々な状況にあって変化を望まない。それはノア―アブラハム―ダビデの周りに集中する伝統である。祝福は「実際に生産力を意味する。神の祝福はすべての領域において、発展と成長を、成熟と実りを、いのちの力の静かなる前進をもたらす(6)」。彼らは祝福されている世界の秩序の正しさについて高く評価し、その秩序をそのまま維持することを望んでいる。持てる人々は介入を期待せず、必要ともせず、また望むこともない。

ブルッゲマンがいう二つのモデルは、イスラエルの歴史的流れを中心として見つめていた。持てる人々のため、あるいは持たざる人々のためと言えば、対立する人々が存在する。たとえば、エジプトにおいて苦しめられ、奴隷状況に陥り、神に叫び声を上げたイスラエル人は「持たざる人々」であるが、彼らを奴隷状況に陥らせたエジプト人は「持てる人々」に属する。イスラエル人は変革を望み、新しい秩序を待望していた。それに対し、エジプト人は彼らの現状が変わることを望まなかった。また、誰かが介入して、状況を変えることを望まず、現状のまま進むことを期待する、といった対立があった。そこにおいて生み出されるのはコンフリクト（衝突）である。イスラエルの全盛期においても同じように変革を望んでいる「持たざる人々」がいた。

持たざる人々と持てる人々との間には、常に変革するかどうかについての緊張感が高まる。緊張感がコンフリクトを引き起こすのである。出エジプト記によれば、モーセが神から委託された命令を行うために、ファラオと交渉する行動は一つのコンフリクトである。「イスラエルを去らせなさい」というモーセの要求に対して、ファラオは「私は主など知らないし、イスラエルを去らせはしない」と答えた（出 五・一－二）。持たざる人々（イスラエル人）と持てる人々（ファラオ）との間のコンフリクトが出てきた。変わることに対する不安を解消するため、また現状を保つために、ファラオは動き出す。ファラオは「これからは、いままでのように、彼らにれんがを作るためのわらを与えるな。わらは自分たちで集めさせよ。」と命じた（出 五・七－八）。持てる人々は現状を維持するために、持たざる人々をさらに苦しめたのである。ファラオはイスラエル人に対して無理な要求を出すが、その命令はコンフリクトをさらに深めてゆくことになった。注目すべき点は、苦しめられている人々の間のコンフリクトである。イスラエル人の代表者たちはモーセとアロンに抗議した。「あなたたちのおかげで、我々はファラオとその家来たちに嫌われてしまった。我々を殺す剣を彼らの手に渡したのと同じです」（出 五・二一）。彼らはモーセとアロンの行動に対して、救いではなく、滅びであると考えた。持たざる人々において、いま持てるものを失うことを避けるために現状を保つこともありうるのだ。

二、一九七〇年以前の台湾

第二次世界大戦後、台湾は日本から中華民国に移譲された。それは台湾の人々に大きな変化をもたらすことになった。

一九四五年十月二十五日、中国の代表者陳儀と日本の代表者台湾総督安藤利吉が台北公会堂で降伏文書に署名したことにより、台湾は中華民国の支配下におかれたのである。支配者が日本から中国へと変わっただけではなく、政策から生活全般に至るまで大きく変化したのである。変化があれば比較することができる。台湾の人々は日本の支配下と中国の支配下における生活を比べれば、その違いをすぐ感じることができた。中国政府は、台湾において建設をしたのではなく、台湾の豊かな資源を掠奪したのである。

一九四五年十月から二年余りに、物価が高くなってゆき、最後には四万円の旧台湾ドールが一円の新台湾ドールに変換されてしまった。台湾人のあいだで中国政府に対する不満が高まっていたので、あちこちで抗議の声があがった。そして、台湾人の間に「犬去りて、豚来たる」というような、日本人の退去と中国の到来について揶揄する諺が生まれた。また中国人と日本人とを比べたときに、台湾人はすぐにその文化や文明の差異を感じた。

このような状況において、中国政府が台湾を支配するために、武力を使って、台湾人を弾圧したのである。

一九四七年二月二七日に台北市で闇タバコを販売していた台湾人女性に対し、取締の役人が暴行を加え、民衆に威嚇発砲をし、まったく無関係な台湾人に被弾・死亡させてしまい、逃亡した。このニュースは全台湾に流れ、台湾人の中華民国に対する怒りが高まり、デモをおこない、改革を要求したが、中華民国の官員は一方で台湾人の代表者と対話を続けたが、一方では中国からの台湾への軍隊派遣を要請した。

三月八日に中国の軍隊が基隆に着いた。その後、台湾で台湾の人々、特にエリート層の人たちが次々と逮捕・投獄・拷問され、その多くは殺害された。そのなかには台湾基督長老教会の牧師や信徒も含まれていた。

この事件によって、台湾人の祖国への憧れは破れた。

一九四九年に、国民党政府が中国で共産党との内戦で敗れ、多くの人々が台湾へ逃げてきた。台湾での支配を強化するために、国民党政府は共産主義者を恐れて厳しい監視のシステムを取った。そのために多くの台湾人や中国人が裁判の手続きを経ないまま牢屋に入られ、虐殺された。台湾社会が恐ろしい雰囲気に覆われていた。人と人との間にあった基本的な信頼関係が崩れて、誰もが自分の考えを他人に話すことをしなくなった。また、国民党政府は中国人と台湾人の間にシステム的な差別をもうけて、両者のあいだに矛盾を生み出した。

この時期の台湾基督長老教会は、南部と北部の二つの大会を合併し、一つの総会を作るという動きがあったために台湾社会に対する発言力はあまりなかった。しかし、その時に教会の青年が全国的な連合修養会で「台湾基督長老教会青年会（TKC）」を成立した。この成立は教会にとって大きな力であった。彼らは教会のエキュメニズムの思想や動きを地方教会へと伝えただけでなく、連帯感を作り出すことができたのだ。

一九五一年、台湾基督長老教会の二つの大会が合併して一つの総会となった。また、キリスト教の台湾宣教一〇〇周年を迎えるために、台湾基督長老教会は十年の間に教会数と信徒数とも倍に増えるという「倍加運動」を推進した。この「倍加運動」によって、台湾基督長老教会は草根のように台湾の至る所に教会を作った。そして、台湾社会における中国人と台湾人との矛盾から生まれた苦しみを自らの身に感じていた。この苦しみと世界教会における思想の流れを徐々に生み出したのは社会改革の思想であった。これが、長老教会と国民党政府の緊張関係の始まりだといえるであろう。

三、不安の年代における台湾基督許長老教会の役割

(1)「国是に対する声明と建議」

一九七〇年代に入り、台湾で幾つかの事件が起こった。国民党政府の支配に対する直接的な反抗である。

まず、一九六四年に学生と共に「台湾自救宣言」を発表したことで国民党政府によって自宅軟禁させられた台湾大学の教授彭明敏先生は、日本の台湾独立連盟のメンバーである宗像隆幸と阿部賢一の手によって、厳しい監視体制下にあって台湾を脱出し、スウェーデンに渡った。

国民党の一党専制のもとに、台湾人の反抗があった。

一九七〇年二月、台湾東海岸の刑務所で国民党に反対し、台湾独立を主張する政治犯たちは看守を抑え、刑務所から脱出して、ラジオステージを奪い、台湾独立を宣言する計画があった。結局は失敗し、リーダーの五人は死刑に処せられた。この事件によって、国民党政府は政治犯を台東から四五・二キロ離れた小さな島—緑島に移された。

一九七一年十月に台湾の人々にとって大きな事件が起こる。中華民国が、国連において中国を代表する正当性を失い、国連から追い出されたのである。国際社会のなかで、中国

が代表する主張を認める国があまりないということになった。

一九七一年から、国際社会には中華人民共和国が中国を代表する唯一の国であるというコモンセンスによって、中華人民共和国と外交関係を持つようになったのである。中華民国は、中華人民共和国と外交関係を持つ国と断行するようになった。その代表的な国はアメリカであった。アメリカ大統領リチャード・ニクソンは中国訪問を発表し、中国との国交正常化を求めていた。しかし、台湾人はその動きを見て、台湾が売られるのではないかという不安に襲われた。

そのような厳しい状況において、彼らの政権に威迫するような事を避けるために、国民党政府はより厳しく人々を監視するようになったのである。学校、職場、教会にもスパイ(内部告発者)を送り、監視したい対象の動きを詳しく報告させた。

キリスト教界は、国連脱出という出来事に対し、国際社会における台湾の位置付けの不安、また台湾人民が受けている不安を感じて、台湾キリスト教協議会(NCCT)を通じて議論をおこない、台湾の将来に関する声明を発表しようとした。しかし、声明を出す直前に、聖公会、バプテスト教会、カトリック教会などの台湾キリスト教協議会のメンバーは政府からの圧力を受けて、声明の共通発表者リストから排除されたのである。

台湾基督長老教会のリーダーたちがこの状況に直面して、断固として立ちあがり、単独発表という仕方で台湾キリスト教協議会で議論された声明を発表することを決めた。

このように、一九七一年十二月二十九日付けの「台灣基督長老教會對國是的聲明與建議」（我々の国家の運命についての声明）が長老教会の議長と総幹事の名によって発表された。その声明のなかに、台湾が国連から追い出される事は、国際政治の取引における犠牲であるといい、あらゆる国が台湾地域にいる一五〇〇万人民の人権と意思を無視して、自己利益だけ思量をして、反人権の決定を下す事を反対すると表明し、「人権が神から与えられたものであるので、人民は自分の運命を決定する権利を保つべきである」として、国際社会にアピールをした。そして国内では、総選挙を行うべきこと、新しい憲法を制定するべきことを主張し、「正義と自由とを維持し、徹底的に内政を改革して、我が国が国際間の名誉と地位を保つべきである」と建言した。

この声明は、台湾において、組織として正式に発表した台湾独立の文献と呼ばれ、人民自決の原則をしっかり守っているために市民社会に広く影響を与え、(7) 世界中がこれを積極的に受け入れたが、いうまでもなく国民党政府はこの声明を受け入れなかった。そして、長老教会の外国人宣教師の何人かが「好ましくない人」という理由で台湾から追放された。

(2)「我々のアピール」

一九七〇年代の初めから国外と国内にいくつの危機に直面しつつも、国民党政府は、計画経済を行い、農業社会から工業社会への移行を懸命に実行した。工業社会へと進みながら、中国を代表する正当性を市民たちに訴えるために、政府は「国語」政策により、学校で「国語」しか話せないように強要した。学校で母語(マザータング)を使って話せば、罰を受けなければない。しかし、台湾基督長老教会の宣教はいつもその部族の母語を使って礼拝を守ったのである。

一九七五年一月の第二日曜日に、国民党政府はタイヤル族の聖書と讃美歌を日曜礼拝が行われている最中に没収した。また、カトリック教会と長老教会との共同事業である新しい聖書訳本を含む、台湾語の聖書が政府によって没収された。その理由は、「ローマ字化は、北京語を台湾人の国語として普及することを妨げるということであった。実際は、国民党政府が、かつての日本の植民地当局のように、言語を、台湾の民族主義運動において重要な要素と考えたことによる(8)」。

そのような状況において、キリスト教の他の教派は国民党政府の母語に対する抑制をあまりにも無視していた。というのは、彼らはほとんど一九四九年に国民党政府と共に台湾に逃げてきた教派であり、北京語を使用して礼拝をするので、原住民族や客家などの台湾人が使っている母語はむしろ文化の低い言葉であると考えた。その年の末に、台湾基督長老教会は国民党政府に「我々のアピール」（「我們的呼籲」）という第二の声明を発表した。その声明は、台湾語聖書の没収に抗議し、いまだに社会における「富の不平等分配」によって虐げられた人々のために発言し、台湾のあるべき未来像を明らかにするべく、国民党政府に懇求したものである。

(3)「台湾基督長老教会人権宣言」

一九七七年六月にアメリカは「一つの中国」政策を発表した。台湾にとって、この発表は再び恐慌に近い状況をもたらした。しかし、国民党政府は、国際社会の動きを全く無視し、まだ自分が中国全体の唯一の合法的政府であり、台湾は中国の一部であるという古臭くなった主張を訴えつづけた。そのゆえに、台湾基督長老教会は、八月に第三の声明である「台湾基督長老教会人権宣言」（人間の権利についての宣言）を発表した。そのなかに、「人権と郷土は、神よりの賜物である」と宣言し、「台湾の将来は台湾の一七〇〇万の人々によって決定されなければならない」と主張している。最後に、「台湾人民が独立及び自由の願いを叶うために、政府はこの国際情勢の危機によって、現実を直面し、台湾が新しい、かつ独立した国家となることができるような効果的な方法を取るように」と要求した。

この宣言が発表されたのち、国民党政府はマスコミを利用して、台湾基督長老教会が中国共産党また台湾独立運動家と手をつないで台湾の繁栄と安定を破りたいのだと喧伝し、長老教会にダメージを与えた。また、他のプロテスタント教会から長老教会を「政治関与の教会である」とレッテルを貼り、長老教会は偽教会なのでそこから離れようと長老教会の信徒たちに呼びかけた。それだけではなく、国民党政府は、教会内の牧師や長老を使って、「人権宣言」を会議にかけて否決しようとした。特に長老教会北部大会の黄六点、陳渓圳などの牧師が「人権宣言」の発表に反対し、会議のなかで激しい議論が闘われた。そのなかに、総会議長であった張清庚先生がその状況を見て、「早く投票しよう。『人権宣言』は少数者の観点なのか。『人権宣言』は既に国際社会に発表された。もし、いま拒否すれば、私はすぐ会議の資料を持って自首する。何回会議がおこなわれたのか、誰が参加したのか、はっきりと覚えている。少人数ではなく、沢山の人が参与した。皆、心の準備をしなければならない。早く投票しよう」といった。その結果、北部大会において「人権宣言」に対する否決投票は採決されなかった。[9]これは、国民党政府が長老教会内部において、いかなる方法をもちいて圧力を与えたかの一つの例であった。

国民党政府は翌一九七八年において、三回にわたって公表された「声明」、「アピール」と「宣言」が教会と国家の利益を脅かし、宗教の範囲を超えているので、それらを取り消し、改正しようと勧告する内容の手紙を台湾基督長老教会へ送った。しかし、台湾基督長老教会は、キリスト教信仰において、社会の進歩、国家の安否、また人々の人権に関心を持つことはクリスチャンのなすべき責任であるので、宗教の範囲を超えていない、と応答した。

鄭児玉先生はこの時期の歴史を顧みて、以下のようにいう。(10)

「現在の教会は神学的なディレンマに直面している。どんな種類の政権のもとにおいても、時の政府に従順であり、その代わりに、その政治体制内で福音伝道の自由を得、より多くの人々がキリスト教徒となって、来世において救いを得るように努めるべきであろうか？　あるいは、神の不断の創造と救いのみわざに積極的に参加して僕の役目を果たし、神の正義と救いを、人間社会のあらゆる分野にもたらし、神のみこころを天上においてと同様に、地上にももたらすために努めるべきであろうか？」

鄭児玉が言っていることはブルッゲマンがいうような平和の二つのモデルとは、曲調は異なっても巧みさは同じともいえるであろう。どのような立場に立って、キリスト教の福音を認識するのかをいつもクリスチャンは問われているのである。

四、民主化を求める社会における台湾基督長老教会

(1) 美麗島事件

一九七八年、中央民意代表の選挙があったが、アメリカが中国と国交を結んだことで、中華民国と断交することになったために延期された。その前に、台湾の反国民党の人達は「台湾党外人士助選団」(台湾国民党以外の人たちを応援するグループ)を組織し、共通する政策をうち出した。彼らは新しい政党が成立することを望んでいたが、国民党は政党の成立を戒厳令によって禁止した。そのために、彼らは党名のない政党を作ろうとの発想から支援グループを組織した。彼らの共同政策には、中央民意代表の総選挙を行うべきこと、軍隊を国家化すること、言論の自由を保障すること、新聞雑誌を自由に発行すること、などが含まれていた。

選挙は中断されたが、彼らは政策の一つであった新聞雑誌を自由に発行することを実行した。一九七九年六月に雑誌『80年代』を発行し、九月には雑誌『美麗島』を発行した。雑誌を売るために、彼らは雑誌本社を高雄に設置し、他の都会にサービスオフィスを置いた。それは、党名なし政党の地方支部に当たるものであった。『美麗島』誌の発行量は三か月で十四万冊にまで及んだ。この発行量は国民党政府にとって好ましくなかった。

そして、雑誌社の人達は十二月十日の国際人権日に高雄で人権に関する記念する活動を行うよう計画したが、国民党政府はその活動を利用した。この日、約三万の民衆が集まったが、憲兵や機動隊によってすべての出入口が封鎖されたので、警察官と民衆の間に激しい対立が起こり、怪我人が出た。主宰者たちはその三日後の十三日から続々に逮捕された。しかし、主宰者の一人である施明徳は逮捕される最中に逃れた。逃亡した施明徳は、ある人を通じて長老教会総会の総幹事高俊明先生にかくまってくれないかと尋ねた。高俊明先生は、長老の林文珍に施明徳のことを何とかしてしてほしいと頼んだ。林文珍長老は、施明徳を彼女の家にかくまった。

一九八〇年一月八日に逃亡中の施明徳は、国民党政府に捕まり、彼をかくまった人々も続々と逮捕された。そのなかに、長老教会と関わる人も十何名かいた。台湾史において「美麗島事件」または「高雄事件」と呼んでいる。

台湾基督長老教会の牧師と信徒が美麗島事件と逃亡中の施明徳隠匿と深く関わっているために、国民党政府は再びマスコミを利用して、ある宗教団体が隠れて美麗島事件をコントロールしていると仄めかした。そのために、長老教会は一九八〇年一月十七日に「台湾基督長老教会『高雄事件』に関する説明文」を発表した。

「長老教会は常に民主的精神を主張し、人権を唱え、国家と兄弟を愛している。我々は政府にとって有益であったのである。また国民党政府にとって、政府が公正と合理の態度をもって、『高雄事件』を処理し、全国が民主と法律による国家を治めることに信頼できるように祈っている」と国民党政府に対するアピールをおこなった。また「社会に義、平和、仁愛と明るさを満たすために、教会と政府との間にコミュニケーションがますますスムーズにできるように願っている」[11]と呼びかけた。

しかし、国民党政府は同年四月二十四日夜に施明徳の逃亡に協力をした廉で、高俊明先生を逮捕した。翌二十五日に長老教会総会議長張清庚が呼びかけた手紙が長老教会のメンバーに配られた。その手紙は高俊明先生が捕まったことに対する緊急祈祷会の開催を呼びかけている。

また高俊明先生は、イエス・キリストを深く信じて、教会に奉仕し、福音を述べ伝えている良き牧師であると教会のメンバーに説明した。なぜそのように高俊明先生を紹介するのかというと、国民党政府は高俊明先生を、罪深く、許すことの出来ない悪人であるようにと宣伝していたからである。

この時期の長老教会と国民党政府との関係は、ますます緊張化し、信頼関係があまりなかった。特に、台湾基督長老教会が組織的に全国的な教派であり、また国際的な教派であり、反乱しやすい組織であると国民党政府は考えていた。これは国民党政府にとって、最も注意すべき宗教組織であった。

七十年代から、国民党政府は長老教会に対する監視がいつも存在していた。主日礼拝において、特務が説教の内容について報告するのが普通なことであり、牧師の日常生活の動きについても垂れ込み屋によって報告された。台湾基督長老教会はこの時期には、政府との関係を維持しつつも、人権や言論の自由などをできるかぎり促進しようと努力した。

美麗島事件の判決が下されたあと、一九八三年に主宰者たちの妻や弁護士は、政治改革の旗を挙げ、「民主、自決、台湾を救う」とのスローガンを提出し、国会議員の選挙に出た。自決という鋭い言葉が選挙期間において、台湾各地で響いたのだ。過去には台湾基督長老教会の声明や海外の台湾人の間に流された言葉であった自分の前途は自分で決めるという思想が、選挙によって台湾全土に広がり、政治意識だけではなく、先住民意識、女性意識、環境保護意識、労働者意識にまで及んだ。その選挙から、台湾の社会的な力は花が咲くように暴発し、国民党政府はどうしてもこれを抑えきることはできなかった。もちろん、この選挙の影響を受けただけではなく、党外雑誌の大量発行もその一つの原因であった。美麗島事件後、党外雑誌は台湾史について、民主制度について、国民党の腐敗について、多様なテーマで論じた。党外雑誌は台湾の民主化の啓発的な役割を担っていたともいえる。

一九八三年の選挙の時、高俊明先生のお連れ合いである高李麗珍さんも選挙に立候補されたので、台湾基督長老教会は教会が党派争いに陥ることを防ぐために、声明文を発表し、長老教会の立場を表明した。

信徒が政治に参与する第一の態度は、教会が一宗教信仰団体であり、あらゆる政治的政派やグループに属さないことである。第二の態度は、教会が仁愛、義、平和、自由などの政治的理想を実現するために、信徒個人の政治的参与は賛成するが、個人の言論や行動が教会組織の立場を代表することはできないということである。第三の態度は、もしその言論や行動が教会信仰の原則及び聖書の教えに適うとすれば、教会において認められるということである。[12] 長老教会は今日までこの原則を信徒の政治参与の基本的態度として厳守している。

(2) 美麗島事件後における長老教会の役割

多くの台湾人は、美麗島事件でショックを受け、台湾の民主化と国民党の台湾支配を改めて考えていた。この事件は台湾民主化運動の分かれ目である。美麗島事件後、台湾の民主化運動が進んで、多様化にした。民主化のうち、デモが自分の主張をアピールする一番早い方法の一つであったが、美麗島事件後デモのタブーも破られた。

しかし、デモに対する方法が政府側にも、またデモの側にもあまり知られなかったため、警察と群衆との激しい対立が常にあった。デモの側はマスメディアによって、暴力者であると宣伝された上に、市民社会における印象があまり良くないので、アピールの効果はかんばしくなかった。

このような状況を見て、台湾基督長老教会のメンバーで、海外からの帰国を許されず、ブラックリストになった林哲夫はカナダで世界教会協議会（WCC）のプログラムであるURM（Urban Rural Mission）のカナダURM訓練（Canadian URM Training; CUT）を台湾に紹介した。最初は、台湾の牧師や社会運動家を招いて、カナダで訓練を受けるという形でおこなわれたが、最後には台湾に移り、台湾で訓練がおこなわれた。

URMは「愛と正義を原則とし、非暴力を手掛かりとして、民衆を組織して権利を求めるための訓練道具である」[13]。この訓練道具によって、台湾の社会運動は暴力を使うのではなくで、非暴力の手段を使って、社会的痛みを分析して、策略をねり、社会改革を進めていった。社会運動家のなかにURMの訓練を受けた人々がたくさんいた。長老教会も社会変革のなかにいる弱くされている者たちに注意を向け、ケアーセンターを設けて、彼らの基本権利や人権を守っていた。

台湾基督長老教会が政治だけではなく、環境問題、女性運動、原住民運動などに全面的に参与したのは、やはりキリスト教信仰に対する反省からである。たとえば、一九九〇年の時、「台湾基督長老教会が二二八事件の受難者及び家族に対するお詫び」を発表した。そのなかに、「聖書の教えは、愛には恐れはない、完全な愛は恐れを取り除くと言ったが、我らの愛が誠に足らなかったので、恐れを越えることができなかった。そのために、我らは二二八事件の受難者や家族に対して、お詫びを申し上げ、まだ、神から赦しをいただくように願っている(14)」と述べた。

そして、民主化が進んでいく時に、台湾人が直面している問題は国民党だけではなく、中国の改革開放による経済的な発展において、台湾への威嚇、脅威が増えてきた。台湾内部において、台湾意識に反対して、中国と統一しようと考える人々は、台湾を中国に渡すよう経済交流、アカデミックな研究交流などによって動いていた。その流れを見て、台湾基督長老教会は、台湾の政府が中国を代表することはできない、中国が台湾を含んでいないなど、台湾と中国との関係をはっきりと表明した。「台湾と中国との間は平等に基づいて、平和的に共同存在するという原則を、互いに認め、また尊重することによって、アジア太平洋地域の平和と発展を促進すべきである(15)」と中国との新しい関係を求めていた。

結び

台湾基督長老教会は台湾において、時に民主化の先導の立場に立ち、民の苦しみを見、叫び声を聞き、彼らを連れて自由を求めていたが、時には彼らの側にいて彼らと共にその厳しい道を歩んでいたのである。台湾基督長老教会は支配者と共に「平和」を保持するのではなくて、民と共に神からいただいた自由と正義を求めているのだ。

（1）W・フルッゲマン、「平和とは何か—聖書と教会のヴィジョン」、四七頁。
（2）同上、四八頁。
（3）同上、四九頁。
（4）同上、五一頁。
（5）同上、五三頁。
（6）同上。
（7）Claude Geoffroy、「台湾独立運動」、黄発典訳、台北：前衛、一九九七、一六〇頁。
（8）鄭児玉、「台湾のキリスト教」、『アジア・キリスト教史』一、東京：教文館、一〇八頁、一九八一。

(9) 林芳仲編、「台湾　新と独立の国家—台湾基督長老教会人権宣言30周年国際ゼミ文集」、台北：台湾基督長老教会信仰与教制委員会、五〇–五二頁、二〇一四年。

(10) 鄭児玉、同上、一一〇頁。

(11) 「一九七一～一九八八台湾基督長老教会総会社会関懐文献」、台南：人光、二四頁、一九九八年。

(12) 同上、三九頁。

(13) 林哲夫等、「使台湾不再被征服—柔性国力的發揮」台南：教会公報社、一〇二頁、二〇一七年。

(14) 同12、六〇頁。

(15) 同上、六七頁。

第九章　近代日本のアジア認識と宗教ナショナリズムから見た平和思想の課題

山本俊正

はじめに―私のアジア認識

私が初めてアジアと出会い、アジアを体験したのは、大学時代、インドネシアに滞在した時だった。一九七二年から一年間、日本キリスト教協議会（NCC = National Christian Council in Japan）に事務局があった国際キリスト教青年交換（ICYE=International Christian Youth Exchange）プログラムでインドネシアに派遣された。ICYEは、学問的な留学ではなく、若者の交換を通して平和と和解を目的としていた。一九七二年当時、アジアに「留学」する人自体ほとんどいなかった。友人や家族からも「何故インドネシアに行くのか」、「インドネシアで何が学べるのか」と、よく問われた。私自身にも明確な答えはなかった。出発前にICYE担当者から、「一応大学に在学しますが勉強は無理でしょう。一年間でインドネシア語をたくさん覚えて、友だちができれば大成功です。アジアと日本の平和の架け橋になってください」と言われた。「平和の架け橋」の意味はよく理解できなかったが、「勉強しなくてもよいのだ」と得心し、小田実のベストセラー「何でも見てやろう」の精神で出発した。

最初の三ヶ月、ジャカルタの長老派教会の牧師の家に滞在し、インドネシア語を学んだ。スパイシーな食事と水が変わったためか、よくお腹を壊した。ホストファミリーの牧師は教会の仕事の他にも、様々な社会活動に関与していた。特に、当時、ジャカルタ近郊にあったスラムの住民の人権や生活の問題に取り組んでいた。私は自分のそれまでの人生でこのような人に出会ったことがなかった。この牧師の生き方は私にとって大きな驚きだった。当時はまだNGOもほとんどなく、貧しい人や飢えている人のために働く人は、映画や小説の世界の人だった。この牧師の話を聞き、一緒にジャカルタのスラムで炊き出しを手伝った時、彼の働きがキリスト教信仰に深く支えられ、根ざしていることにも気づかされた。

ジャカルタに三ヶ月滞在した後、フィリピンに近い、セレベス島のマナードで、八ヶ月間を過ごした。マナードでは毎週、土曜と日曜日に、一泊で近隣の山岳地帯にある教会を訪問した。礼拝や集会に参加すると、日本についてのスピーチと、日本の歌を唄うように依頼された。マナード周辺は第二次大戦中、日本の落下傘部隊が駐留したところで、年配の人たちの中には日本の軍歌を覚えている人が多くいた。私の下手な歌の後に日本の軍歌の合唱が続くことに驚かされた。ホストファミリーの母親は、若い頃、日本軍が駐留している場所の近くに行く時は、なるべく地味な服を着て、顔に土をつけて行く習慣があったことを話してくれた。レイプされるのが怖かったからだという。また、インドネシアでは私の名前の発音が「山本」＝「味の素」、「俊正」＝「東芝」に似ていると言われ、インドネシアに進出していたこれらの企業名でよく呼びかけられた。マナードは小さな田舎町で、誰もが私を知っていて、道を歩いていると「東芝」！「味の素」！と声をかけられた。日本がアジアに戦争中に残した傷痕や、当時アジアに企業進出として登場した日本の新しい姿を肌で感じる体験であった。

一、近代日本のアジア認識とアジア主義

近代日本及び日本人のアジア認識は明治維新以降、アジアへの「侵略」と「連帯」を表裏一体とする思想として形成された。またその認識は、アジアに対する日本人の差別意識の根底に横たわる基層を形成した。明治初期に主張された「和魂洋才」、「脱亜入欧」、「アジアは一つ」もその内実は、「侵略」と「連帯」の両方向性を内包していた。「アジア」は十九世紀後半、日本の明治維新、文明開化の過程で、一方では文明度の低い地域と見なされていた。また他方でアジアは、欧米に抑圧される対象であり、欧米の利権争奪競争の対

象地域として特徴づけられていた。日本は日清戦争、日露戦争に勝利することによって、アジアにおける優越した地位を獲得し、他のアジアに比べて進んだ存在であるという認識が、一方で増幅された。例えば、日清戦争は一八九五年に終結し、下関条約が締結された。この条約では清と朝鮮の宗属関係という植民地支配の関係が解消され、朝鮮の独立が認められた。また、遼東半島、台湾、彰湖列島の割譲が決定し、多額の賠償金が支払われている。この日清戦争の勝利によって、大きく変化したのは、日本人の中国観だった。日清戦争以前の中国は、政治的にも文化的にも大国中の大国であった。日本人の間には、中国に対する尊敬と敬意、「強国」というイメージが定着していた。しかし、その中国に日本は戦争で勝利を収めた。これによって中国の強国イメージは瓦解し、アジアにおける日本の大国意識が高揚したのであった。しかしこの条約の締結以降、アジアへの「連帯」を喚起するような出来事が起きる。それは下関条約締結後の三国干渉であった。日本は遼東半島の領有を勝ち取ったが、これに対してロシア・フランス・ドイツが介入し、遼東半島の返還を要求した。日本人は怒り心頭、猛烈に反対したが、日本政府は西欧列強の圧力に抵抗できず、要求を飲むことになる。この時、「臥薪嘗胆」という言葉がよく使われ、欧米列強への屈辱感が植え付けられた。日清戦争は、一方でアジアに対する優越感を生み出し、他方では、西洋列強に対する屈辱感を醸成したのであった。この蓄積された屈辱感をベースにして「人種」的な立場から、日本人は他のアジア人同様、有色人種であり、共に「連帯」、結合し、欧米に対抗する勢力となることが認識されることとなる。更にこのアジア認識は、日本が、日露戦争に勝利することによって加速される。日清戦争で獲得した日本人の朝鮮や中国に対する優越感を、自明の事柄として意識の中に深く浸透させることになる。日露開戦以来の軍事力を背景とした日本の朝鮮支配への方向性は強化され、その正当性は民衆の意識レベルまで浸透していった。しかし同時に当時の日本人は、たとえ他のアジア人に優越感情を持つとしても、対白人種との関係においては、同じ黄色人種による東亜の確保の必要性が意識された。そしてそれは「東亜聯盟」の構想へと導かれて行くようになる。またこの「人種対立」によるアジア認識は、当時アメリカで起きた日本人移民排斥運動の影響があったことも考えられる。一九〇〇年頃から日本人移民への排斥は本格化し、一九〇六年には、サンフランシスコで日本人学童が公立学校への入学を拒否され、日本人学童隔離問題が起きている。加えて一九二四年に施行された「排日移民法」では排日土地法などが適用され、日本人の意識の根底に「白人種」による「黄色人種」に対する差別を衝撃的に体験する契機となった。当時「白人」による支配や差別の歴史的状況を、「白閥」または「白禍」と呼んでいる。岡倉天心は彼の書いた英語の論文で、「白禍」を"White Disaster"と呼び、軍隊とキリスト教による西洋の帝国主義の侵略を批判している。

これらアジアに対する「優越感情」と「人種的同胞感情」から、日本が「アジアの盟主」となるスローガンが登場し、朝鮮・台湾を植民地化し、中国を侵略する思想的背景となっていった。また同時にそれは、「東亜聯盟論」、「亜細亜聯盟論」の背景となり、中国や朝鮮との「聯合」、「併合」の議論の枠組みが提供されたのであった。さらに、「人種的同胞感情」の認識からは、アジア諸民族の間には、欧米とは異質なアジア独特の精神文明が存在することが指摘され、欧米の物質文明に対するアジアの精神文明が対比的に論じられた。この精神文明論は日本の右翼思想と結びつき西洋帝国主義を打倒し、アジア各国の連帯の実現による「東洋統一」が唱道された。しかし結果的には、アジアに対する「優越感情」と「人種的同胞感情」という認識は、日本の帝国主義という「侵略」に収斂されて行くこととなる。「大東亜共栄圏」の幻想に支えられた第二次世界大戦への日本の参入の歴史はそれを如実に示している。これら近代の「アジア」認識は、「アジア主義」として議論されることが多い。この「アジア主義」の議論を戦後リードした代表的な論客は竹内好（よしみ）であった。竹内は一九六三年に「アジア主義の展望」という論文を発表し、「日本のアジア主義」という本を出版している。竹内は、「アジア主義」の把握において、とりわけアジア諸国の「連帯」という属性を重視している。竹内は勿論、「アジア主義」が歴史的に「侵略思想」に転化したことを批判している。しかし同時に「アジア主義」が持つアジアとの「連帯」の可能性にも着目した。竹内はこの側面を「抵抗としてのアジア主義」、「思想としてのアジア主義」に分け提案している。前者は西洋列強による帝国主義への抵抗原理として、後者は西洋哲学の認識論への批判と東洋の世界観の再評価として議論を展開している。確かに「アジア主義」の帰結点であった第二次世界大戦中の「大東亜共栄圏」思想は、竹内の言葉で表現するならば、「アジア主義からの逸脱、または偏向」と捉えることもできる。しかし「大東亜共栄圏」思想は明らかに、近代日本人のアジア認識、またそれに基づく、アジアに対する日本人の差別意識を表象する集大成の思想といえるであろう。「大東亜共栄圏」は現在でも、日本人にとっては、アジアとの「連帯」の可能性に立ちはだかるトラウマともなっている。筆者は近年、世界宗教者平和会議（WCRP）を通して機会が与えられ、国際会議で日・中・韓の宗教者と「東北アジアの平和共同体の構築と宗教者の役割」を主題に、オンラインでの会合を含めて議論を重ねている。東北アジアに平和共同体を創出するための地域に共通する倫理的基盤、宗教的基盤、精神的基盤の可能性を議論する時、中国、韓国の参加者から時折歴史的危惧として指摘されるのが「大東亜共栄圏」の思想である。アジアとの連帯を指向しながらも、日本及び日本人は「アジア主義」の負の遺産を継承していることに気付かされる。例えば、二〇一五年に開催された日・中・韓の宗教者による国際平和セミナーで基調講演をした韓国の朴光洙氏は、「東北アジアの平和共同体」を構築するために私たちが共有すべき宗教・精神文化の中心軸として「大同思想」を強調した。朴氏は平和共同体構築の前提条件として、韓国、中国、日本の三国が自民族中心主義から開かれた民族主義へと進まなければならないことを指摘し、日本の大同思想について以下のように述べている。「日本の大同思想は、天皇制を中心に「大東亜共栄圏」を求める方向に進んだ。日本を中心に東北アジアの諸民族の共同繁栄を求めるという大東亜共栄圏の理論的体系は、日本帝国主義が韓国と中国、そして東南アジアに拡張していく侵略戦争の思想的基底となった。」日本の「大東亜共栄圏」構想は、現在も日本のアジア認識及びアジアにおける平和共同体構築の議論に深い影を落としている。朴氏が指摘するように、日本の「大東亜共栄圏」構想は天皇制を中心に進められた。次ぎに、近代の天皇制と不可分の関係にある日本の宗教ナショナリズムの歴史的背景を概観したい。

二、日本の宗教ナショナリズムの源流としての明治維新

近代の歴史において明治維新は、天皇制を強化した重要な分岐点であった。明治維新は日本の近代化の出発点ともされている。しかしその本質は、日本を外国勢力から守るための攘夷運動、復古的革命運動であった。それは、封建的な身分社会を転覆させるための下

層武士による反乱ではなく、黒船に象徴された外国の脅威から日本を守るための政府を作りだすことが、主目的だった。明治維新は“Meiji Restoration”と英訳されている。これは、直訳すれば「明治復古」で、革命的に政府が新しくされたという意味ではない。明治維新政府のスローガンは「富国強兵」、「和魂洋才」、「祭政一致」であった。西洋化を促進することにより資本主義を取り入れ、経済的な豊かさと軍事力の強化を目指した。また、西洋の科学技術を導入すると同時に、日本人の精神が失われないことに強調点がおかれた。「和魂洋才」の英訳（私訳）は、“Japanese Spirit, Western Technology”である。すなわち、西洋から近代科学技術を導入し、国家建設を目指す一方、日本人の精神、「大和魂」を大切にし、喪失しないことが国家の政策として意図されたのであった。「和魂洋才」は近代日本のナショナリズムの特色を単純明快に表現している。「和魂洋才」はナショナリズムのスローガンとして政治と宗教を一体化する「祭政一致」に連動し、王政復古運動、攘夷運動の結実として、近代日本の伝統的ナショナリズムを形成する源流となったのである。政治学者の丸山真男も「超国家主義の論理と心理」という論文の中で、ヨーロッパのナショナリズムとの違いに触れ、日本の場合は明治維新以降、天皇制国家になることによって、個人の内面の問題、道徳や規範までが天皇制によって絡め取られてしまったことを指摘している。

〈和魂洋才のジレンマと天皇制〉

明治維新政府は、経済的発展の尺度となる価値観として、ヨーロッパにおいて確立されていた資本主義を受容し、近代化に着手した。そのモデルはヨーロッパの先進国であった。英国を初めとするヨーロッパから資本主義制度や技術、機械や商品を導入し、それらを日本において機能させることに腐心したのである。日本のヨーロッパ化を機能主義的に試みたといえる。日本の近代化を推進する機能主義的思考様式に対して異論も提出された。例えば、三谷太一郎は著書、『日本の近代とは何であったのか』の中で、明治期に活躍した文学者の永井荷風が、自らの欧米体験を、以下のように記述していることを紹介している。「僕の見た処西洋の社会と云ふものは何処から何処まで悉く近代的ではない。（中略）つまり西洋と云ふ処は非常に昔臭い国だ。歴史臭い国だ。」（一九〇九年「新帰朝者日記」）永井は、ヨーロッパには「近代」の機能に還元されない伝統的な古い体質、つまりキリスト教という宗教伝統が存在し、その体質が近代化を下支えしていることを指摘している。この永井の観察と同様に、ヨーロッパ文明の基盤を成す宗教として、キリスト教がヨーロッパにおいて果たしている役割が、当時議論されていた。明治維新政府は国家形成にあたって、ヨーロッパにおいて人々を一つにしている宗教として、キリスト教に注目をしていた。伊藤博文は一八八八年の枢密院における憲法案の審議にあたって、「ヨーロッパにおいてキリスト教が果たしている「国家の機軸」としての機能を日本において果たしうるものは何か。」と問いかけている。この問いかけに対して、仏教を日本の国教とすべきだという提案や「信教の自由」の規定を日本の憲法には入れず、改廃の容易な法律に入れるべきだという提案や意見が出されたという。伊藤博文は日本における宗教は力が弱く、ヨーロッパのキリスト教のように「国家の機軸」として機能することが、不可能であると結論づけている。伊藤が「国家の機軸」として、ヨーロッパのキリスト教に代替するものとして提示したのが、「皇室」であった。日本における宗教的な絶対者の不在が、天皇の神格化をもたらしたのである。ヨーロッパの近代は宗教改革を媒介として世俗社会を出現させると同時に、中世からの「神」を継承した。日本では神格化された天皇が、ヨーロッパにおけるキリスト教が担った等価的機能を期待されたのであった。このことから明らかになったのは、近代日本の天皇制が宗教的機能を同伴して出発したということである。天皇制はヨーロッパのキリスト教に相当する宗教的機能を担わざるをえなくなったのである。日本近代のナショナリズムは天皇制を中心軸として展開され、それは宗教ナショナリズムと呼ぶことができるであろう。さらに、天皇制の宗教的機能を補完したのが国家神道であった。国家神道の誕生は、神道の持つ歴史性に依拠していた。

三、神道の歴史とナショナリズム―天皇制の宗教的機能を補完した国家神道

神道の歴史を紐解いて行くと、紀元一〇〇年頃まで遡ることができる。原始神道は紀元一〇〇年頃に稲作の農耕儀礼を中心とする祭祀として出発した。神道が祭祀として出発したことは、現在の天皇制との結びつきとの関係を考える上でも重要である。四世紀になると天皇家の祖神として原始神道は再編される。さらに六世紀には、大化の改新が行われ、律令制度のもとで、神道は整備されてゆく。それまでの自然崇拝や農耕儀礼に基づく素朴な神道から天皇家の宗教として、また、国の制度に組み込まれる神祇制度として政治機構の中で高い位置を占めるようになる。この頃、祭祀を規定する神祇令が作られ、神祇官は太政官と並ぶ朝廷の機関となり、全国の神社を統括することとなる。平安時代（八世紀末）になると、神祇制度が地方でも展開されるようになる。地方において第一の地位を占めた神社を一宮といい、それに次ぐ神社を二宮、次に三宮が置かれた。筆者が住んでいる神戸市内にも一宮から八宮まで神社がある。また六世紀以降は、仏教や儒教などの外来宗教が定着し、神社は神仏習合が進むようになる。仏教の教えが神道に融合され、神祇信仰の内容として浸透するようになる。この頃には天皇が即位する儀式は神道だけでなく、仏教の儀礼も混合されて行われたことが知られている。鎌倉時代（十二世紀末）になると、

北条泰時によって「御成敗式目」という鎌倉幕府の基本法が制定される。その第一条には「神社を修理し、祭祀を専らにすべきこと、右、神は人の敬ひによって威を増し、人は神の徳によって運を添ふ。」と書かれている。国家の法律によって神仏への崇敬が定められたことになる。室町幕府（十四世紀中頃）は、この「御成敗式目」を踏襲し、「塵芥集」という法律が制定される。神社に関する同様の条文を冒頭に定めている。その後、織田信長、豊臣秀吉、徳川家康は、神道の「神」を敬う者として知られ、織田信長を除く二人はキリスト教への弾圧を強めた。秀吉が発布した「バテレン追放令」及び家康が発布した「キリシタン禁止令」の条文の中で、二人とも、日本を「神国」と表現している。これは、日本が神道の「神」の国であることを意味している。明治維新が起きると、神仏習合時代に終わりが告げられる。維新政府は前述したように、天皇を中心とした国家統一を目指し、「祭政一致」をスローガンに、神道の国教化政策を進めることとなる。「祭政一致」とは、政治の中心に祭祀をつかさどる天皇を位置づけることを意味していた。その祭祀を通して下々にも天皇崇敬がゆきわたることによって、国民が統合されることを意図していたのである。維新政府はまた、一八六八年に神仏分離令を公布して、神社を仏教から自立させる。いわゆる「廃仏毀釈」の嵐が吹き荒れ、神社内の仏像や仏具が破棄される。神道が仏教色を払拭し、単独で国教に近い地位を獲得するようになる。この神仏分離令によって、仏教や民俗宗教への抑圧の嵐も吹き荒れていくこととなる。さらに、一八六九年には、祭祀・宣教などをつかさどる神祇官を政府の最高官庁とすることが決められる。しかし、この一連のプロセスに問題がなかったわけではなかった。当時のグローバル・スタンダード（世界基準）は、近代国家の基本理念として「政教分離」を進めることであった。神道が政教分離と矛盾することがないように整合性を保つ必要が生じたのである。当時考え出された妙案は、神道は「宗教」ではないという説明であった。神道が「宗教」を超越した「スーパー宗教」にレベルアップすることであった。「政教分離」は有名無実となり、結果的には神社で働く神職は準国家公務員とされ、神社の土地は国有地となった。一八八九年に発布された大日本帝国憲法には、信教の自由を認める条文が書かれており、日本は政教分離の制度化を表明していた。この憲法の二十八条には「日本臣民ハ安寧秩序ヲ妨ケス及臣民タルノ義務ニ背カサル限ニ於テ信教ノ自由ヲ有ス」と書かれている。しかしその背後では、国家神道は宗教ではないことを前提として制度設計が行われていたのである。国家神道に関しては、国家が管理することを正当化したのである。つまり、近代西欧の制度にならって政教分離はしているが、国家神道については国家に属するとし、他の宗教とは次元が違うという詭弁を用いたのであった。近代日本のナショナリズムは、天皇の宗教的機能を強化するために国家神道を、宗教を超越した「スーパー宗教」に仕立てあげることによって可能となったのである。

〈スーパー宗教によるナショナリズムの強化〉

スーパー宗教として国家神道が位置づけられると、既存の仏教、キリスト教、伝統宗教はことごとく国家神道に順応し、取り込まれていくこととなる。このプロセスに重要な役割を果たしたのが、一八七〇年に出された「大教宣布の詔」であった。天皇に神格を与え、神道を国教と定めて、日本（大日本帝国）を祭政一致の国家とする国家方針を示したものであった。この文書とともに神祇官が再興され、神道国教化政策が促進された。長崎には特別の出張所を設けてキリスト教対策にあてるとともに，各地には宣教係を置いて一般教化に努めた。「大教宣布の詔」の「大教」とは、国家神道を意味し、この文書の中に出てくる「教」は必ずしも「宗教」を意味するものではなかった。「教」は「治教」と表現され、天皇が中心となり、他の宗教を「治める教え」とされた。国家神道は天皇を中心とした精神秩序の軸として、他の宗教を「治める教え」に昇格させられたのであった。下々の「宗教」とは別物とされたのである。国家神道は、天皇の祭祀と不可分の関係にあることから、宗教を越えたスーパー宗教としての国家の教えであることが表明された。その教えの核心には、天皇を中心とした政治秩序を意味する「国体」の理念があり、天皇崇敬を基軸とする社会秩序、道徳秩序の教えがあった。国家神道は基本的に「宗教」とは役割が違う、政治や社会秩序に関わる「教」とされたのであった。仏教やキリスト教が仏の「帰依」や神の「救い」の問題に関わるのとは対照的に国家神道は「祭祀」と「国体」をその持ち場とした。これは、国家神道を「宗教」としない、「神社非宗教説」としても知られている。国家神道が非宗教とされると、仏教徒やキリスト教徒が神社に参拝するのが、当然のことと理解された。実際、多くの日本のクリスチャンは、第二次世界大戦中、自ら神社を参拝し朝鮮半島のクリスチャンにも神社参拝を強要した。また戦前・戦中、日本のプロテスタント教会では宮城遥拝がなされた。宮城遥拝とは、日本や大東亜共栄圏において、皇居（宮城）の方向に向かって敬礼（遥拝）する行為であった。遥拝する場所は、日本国内（内地）、外地、外国を問わなかった。一九四一年、日本のプロテスタント教会の多くは、日本基督教団に統合され、国家の監督下に置かれ、宮城遥拝が実施された。当時のキリスト教指導者は、国家神道が宗教ではないとして、宮城遥拝を正当化していた。また日本基督教団は、皇室を宗家と仰ぐことを受け入れ、一九四二年、教団指導者が伊勢神宮の参拝も行っている。他方、宮城遙拝を実施しない教会は弾圧され、牧師や信徒が投獄されることもあった。戦時下において教会は、特別高等警察に監視され、礼拝の中で君が代斉唱、国旗掲揚、宮城遥拝が行われた。教会の牧師が語る説教が監視され、特高警察に連行された牧師には、「天皇とイエスとどちらが偉いのか」、「天皇とイエスが川で溺れていたら、どちらを先に助けるか」という質問がなされた。戦時下には、このように伝統的な宗教やキリスト教団も国家神道に取り込まれ、国体論に傾斜していったのである。日本のナショナリズムは国家神道の「非宗教化」で強化されたのである。

四、現代のナショナリズムと国家神道

第二次世界大戦後、占領軍（GHQ）の「神道指令」によって国家神道は解体されることとなる。戦後公布された「宗教法人令」によって、国家神道は他の宗教と同等となりスーパー宗教の地位を失うこととなる。神社に関する公的機関も廃止され、一九六四年に民間の神社本庁が設立され、多くの神社は宗教法人として神社本庁に登録し、現在に至っている。しかし、ここで注意しておきたいのは、国家神道の解体とは国家と神社組織との結びつきの解体であったことである。明治維新以来、天皇の宗教的機能を代行し、補完した国家神道と皇室祭祀の関係は解体されることなく維持されていた。米国のGHQが問題とした「国家神道」は、国家と神社組織の結びつきに焦点が当てられていた。米国の「政教分離」の原則が「国家と教会」（Church and State）の分離と定義されていたからに他ならない。皇室祭祀と国家神道の関係は抜け落ちていた。国家神道の主要な構成要素は神社組織ではなかった。むしろ重要なのは、皇室祭祀と不可分の天皇崇敬あった。皇室祭祀

は明治維新後、一九〇八年に皇室祭祀令が制定され定型化している。戦後同令は廃止されたが、皇室の私事としてほぼ同令の規定に準拠して行われている。祭祀は皇室の祭祀を大祭と小祭に分け、大祭は天皇みずから祭典を行い、小祭は掌典長が祭典を執行している。皇室祭祀は、現在も毎月のように行われている。一月の元始祭に始まり、二月の紀元節祭、三月春分の日の春季皇霊祭、四月の神武天皇祭、秋分の日の秋季皇霊祭、十月の神嘗（かんなめ）祭、十一月の新嘗（にいなめ）祭、等々である。

皇室祭祀は神道の伝統に基づいて行われる。戦前皇室祭祀の日には、全国各地の学校で祝祭の式典が行われた。教室には天皇からの教育勅語や御真影が掲げられた。そこで子どもたちはひざまずき、天皇を讃える歌を歌った。天皇の存在感が、学校や軍隊などの公共生活の中で強化されることを補完したのが国家神道であった。神社組織とは別のルートで、国家神道は国民に浸透していたのである。現代の日本でも、皇室祭祀は維持され、天皇の存在感は大きいと言える。二〇一九年四月に退位した天皇は、国民の人気が高い天皇であった。国家神道は制度上なくなったが、皇室の宗教儀礼は存続し維持され、日本の国の精神的な中核を形成していると考える人も多数いる。皇室と結びついた神道は、日本に住む人々に対して依然として大きな影響力を持っている。現代日本のナショナリズムと無関係だとは言えない。国家神道が、日本のナショナリズムの中で生き続けていることは、現在の政治の動きの中にも垣間見ることが出来る。例えば、これまでの自民党政権に大きな影響力を与えていると言われる団体の一つに「日本会議」が挙げられる。「日本会議」は、一九九七年に設立され、日本全国にネットワークを持つ組織である。前身となる「日本を守る国民会議」と「日本を守る会」の働きを含めて、明治・大正・昭和の元号法制化の実現、歴史教科書の編纂事業、自衛隊PKO活動への支援、伝統に基づく新憲法の提唱等の活動を展開している。日本会議のホームページには、「日本会議」は、美しい日本を守り伝えるため、「誇りある国づくりを」を合言葉に、提言し行動します、と書かれている。また「日本会議」の設立宣言文には「有史以来未曾有の敗戦に際会するも、天皇を国民統合の中心と仰ぐ国柄はいささかも揺らぐことなく、焦土と虚脱感の中から立ち上がった国民の営々たる努力によって、経済大国といわれるまでに発展した。」と、戦後の日本の発展が天皇を中心に推進されことが表明されている。日本会議発足とほぼ同じくして、同団体を支援する「日本会議国会議員懇談会」が自民党の国会議員を中心に結成されている。発足時の参加国会議員数は一八九人であったが、その後も増加し続け二〇一五年には参加国会議員数が二六三名に達している。第二次安倍改造内閣では、日本会議国会議員懇談会会員の中から十五人が入閣、第三次安倍第一次改造内閣でも会員が十二人入閣している。また、会員の中には神道、神社関係の有力者も数多く名を連ねている。「日本会議」が標榜する

「天皇を中心とした国の発展」には、明治維新以来の「国家神道」の復興の兆候が見え隠れしている。靖国神社参拝と国家及び政治家との関与に合わせて、戦後も残り続けてきた国家神道が、政治的な影響力を強めてきていることの一例ではないだろうか。

五、「不安型ナショナリズム」、「居場所のないナショナリズム」、「ぷちナショナリズム」と宗教

高原基彰という社会学者が「不安型ナショナリズムの時代」という本を書いている。高原は、日・中・韓、それぞれが一億総中流社会、社会主義経済、開発独裁という名の下に経済発展をし、その結果三国で、「社会流動化」が現在激しく進行していると分析している。経済のグローバル化が進み、雇用不安や階層分化、経済格差が広がり、人々の「不安」を増幅させていると述べている。これらの国内問題への不満からナショナリズムが台頭し、ナショナリズムが不満の逃げ場、はけ口になっていると指摘している。この構図は、「左右」の政治的立場を越えて、日・中・韓に共通しているとしている。高原はこの現象を「不安型ナショナリズム」と呼んでいる。確かに戦後日本のナショナリズムのもう一つの特色は、軍国主義の礼賛ではなく、経済発展の成功を誇りとすることに依拠していた。そしてこの経済発展至上主義を支えたのが「会社社会」であった。会社は仕事場であると同時に家族共同体であった。会社の社長は雇用主であると同時に父親であり母親の役割を

果たしたのである。これは明治維新以降の「家族国家論」の流行に似ている。日清戦争の勝利や治外法権の撤廃などを背景にして、欧米の論理に囚われない日本独自の国体論が登場した。日本の国民を先祖を同じくする一大家族に喩え、皇室を国民の本家に位置付ける家族国家論である。憲法学者の穂積八束は「我が日本固有の国体と国民道徳との基礎は祖先教に淵源す。祖先教とは先祖崇拝の大義を謂う。」（『国民教育 愛国心』一八三七年（天保八年））と述べている。また日本の経済発展は欧米からも賞賛された。社会学者のエズラ・ヴォーゲルは『ジャパン・アズ・ナンバーワン』（原題：Japan as Number One: Lessons for America）という本を一九七九年に著し、ベストセラーになっている。ヴォーゲルは、戦後日本の高度経済成長の要因を分析し、日本的経営を高く評価した。ヴォーゲルは、当時の日本人の数学力はイスラエルに次ぎ二位で、日本人の一日の読書時間の合計が米国人の二倍に当たると指摘している。このように賞賛された日本経済は一九九〇年代から衰退の一途を辿り、二〇〇〇年代初頭には中国に追い抜かれ、世界第二位の経済大国の地位を失う。また、「家族としての会社」も終身雇用制が崩壊しバブル経済がはじけると、その安定性と居場所が解体されることになる。高原の言う「不安型ナショナリズム」を政治学者の中島岳志は同様な意味合いで「居場所のないナショナリズム」と表現している。

一九九〇年代の教科書問題で頭角を現した「新しい歴史教科書を作る会」や近年のヘイトスピーチ、ネット右翼の動向は、新たに登場してきた、若者を引きつける「ナショナリズム」の一形態と言われている。インターネットの「2ちゃんねる」上では、韓国・中国に対する罵詈雑言が繰り返されている。またサッカーの応援や、テレビ番組、ネット上での「ニッポン大好き」、「日本礼賛」、「日本人はすごい」「こんなところに日本人がいた」など、サブカルチャーの領域で生じているナショナリズムが見られる。これらのナショナリズムを精神科医の香山リカは「ぷちナショナリズム」と呼んでいる。香山は、若者の「屈託のない」ナショナリズムは、何かにダマされた結果や、彼らの妙な真面目さの結果だとし、「真正の」ナショナリズムとは区別されるべきだと述べている。確かにインターネット、とりわけブログの書き込みなどは、既存のマスメディアから独立したオリジナルな意見というよりは、「右傾化」したマスメディアの情報や言説をコピーしたものが多い。「右」と言われる論壇誌や週刊誌の情報に大きく依拠している。しかし、この「ぷちナショナリズム」も「右傾化」の表出であり、インターネットを中心とするこうした動向は明らかに若者の「不安型ナショナリズム」や「居場所のないナショナリズム」に通底している。「不安型ナショナリズム」、「居場所のないナショナリズム」、「ぷちナショナリズム」は一見、宗教とは無関係に見える。しかし新宗教やカルト教団の中には、日本社会の流動化に敏感に対応する動向が見られる。一九九〇年代の「オウム真理教」に吸引された多くの若者は高学歴でありながら、時代の閉塞感や虚無感から、生きることへの「不安」のはけ口として「オウム」へ入信した。同様な若者の傾向は、近年多発している若者による無差別殺人事件や通り魔事件にも見られる。事件を起こした若者の動機が「自己承認欲求」と結びついていることが解説されている。若者は経済格差や将来への閉塞感から居場所を失い、他者を傷つけたり、排斥することで、自己承認を求めているとされる。日本の新宗教の歴史を振り返ると、一九二〇年代から七十年代にかけて、新たな仲間を見出す運動が中心となり新宗教の組織化が進んだ。小集団でお互いのプライベートな問題を打ち明け、仲間を作るという「居場所」を提供する機能を中心に、宗教集団が形成された。時代的には戦争をまたいで進み、村社会の共同性を都会の中で再現することで新宗教が活性化した。また近年、世界では伝統的な宗教の復興とナショナリズムの結びつきが見られる。たとえば、中東のイスラーム圏では、イラン革命以降、イスラームの厳格な実践を掲げる政治勢力が台頭している。インドではヒンドゥー・ナショナリズムの勢力が力を強めている。米国ではトランプ大統領の登場と共に、ポピュリズムと呼ばれるナショナリズムが台頭し、それを下支えしていたのが、福音派キリスト教勢力であることはよく知られている。グローバル資本主義下にある日・韓のナショナリズムと宗教の関係を、もう一度検証する時が来ているのではないだろうか。

六、「犠牲の論理」というナショナリズム―平和思想とキリスト教への問いかけと課題

最後に「犠牲の論理」とナショナリズムの関係について、高橋哲哉の問いかけ（二〇一六年関西学院大学講演）を紹介したい。高橋は靖国問題に関する著作も多く、「犠牲のシステム、福島・沖縄」という著作を著している。関学ではキリスト教の「贖罪論」に関して大変刺激的な講演をし、日本のナショナリズムのみならず、キリスト教をベースにした、世界の宗教ナショナリズムに共通する課題が提示された。高橋は靖国神社をめぐる問題をつきつめて行くと、外交問題以上に、「ヤスクニ」という国家のシステムに逢着するとしている。つまり靖国信仰という形で、明治以来ずっと日本の中に存在してきたシステムがあることが問題の本質ではないかと問いかけている。天皇のために、国家のために自らの命を投げ打ち、「尊い犠牲」をささげた者が、靖国神社によって「顕彰」される。「顕彰」とは功績をたたえるということで、戦没者が生きている間にどういう人生を送ったかということとは全く関係がない。日本軍の関係者として戦死すれば「英霊」と呼ばれ、国家のために命を投げ捨てた功績がたたえられる。国民の代表として死んだことを美化し、国民に対して、「英霊を見習ってその後に続け」というメッセージを発することになる。「立派

な死を死んだ」という顕彰は、同じ国家に属する国民にとって、同じような模範的な死を死ぬことが期待されることとなるのである。国家のために尊い犠牲を遂げた英霊によってこの国家は存立しているのだという考え方に従うならば、戦死者というものを支えにして国家が成り立っていることになる。高橋はこれを「犠牲のシステム」と呼んでいる。高橋はさらに軍国主義や全体主義と戦ってこれを打倒した国々のなかにも、祖国のために死んだ英霊を顕彰するというシステムに似た、尊い犠牲を見習いそのあとに続けというメッセージを発する事例があるとしている。その一つとして、高橋は韓国の五・一八光州民衆抗争を挙げている。一九八〇年に韓国の光州で、市民や学生たちが当時の軍事独裁政権に対抗して民主化を要求する大きな運動が起きた。これに対して軍部が特殊作戦を遂行して、最終的には徹底的に弾圧をした。この「五・一八光州民衆抗争」は、当時の韓国の軍部、独裁政権から見ると、殺された学生、市民は反逆者であるから殺されて当然だという位置づけになる。国に反逆したものとして片付けられていた。光州の市民や学生たちは、光州の街の郊外に本当に粗末な墓地をつくって、密かに弔っていたという。しかしその後、韓国の民主化運動が高まり、一九八〇年代後半には民主化が実現することになる。この軍事独裁政権から民主主義国家になるプロセスの中で、この光州事件の位置づけが変化することになる。この事件は国家に対する反逆ではなく、韓国を民主化し民主主義国家を確立するための「尊い犠牲」だったのだという意味付けに変わる。新しい政権になってからは、光州事件の犠牲者たちは「英霊」として位置づけられるようになったと、高橋は指摘している。高橋は「祖国のために死ぬこと」の一般性という視点に立って、光州の英霊についてどのように考えるべきか、という問題提起をしている。高橋は靖国の英霊と光州国立墓地の英霊はどう違うのか、という問題提起をしている。高橋は、軍国主義の国家のための英霊と、民主主義国家のための英霊は、政治的には意味が異なるということを勿論理解している。しかし、政治体制が異なっても、国家は必ずそういう「尊い犠牲」を国民に要求することをどう考えるべきかという問題である。また高橋はこの光州事件に関連した文書の中に「光州民衆の血で贖った」、「光州の究極的勝利」という言葉があったことを指摘している。高橋は、戦時中、仏教も含めて日本の宗教がほとんど戦時体制、当時の軍国主義体制の中に統合されていく過程で発行された、日本基督教新報に掲載された記事を紹介している。「昭和十九年」、敗戦の前の年に発行された記事には、「戦争はいよいよ深刻化し、決戦に次ぐ決戦と厳しい戦いが展開される今日、国民の生活は捧げられた血によって守られているのである」と書かれている。また、「この血の尊さは日本の英霊を神とまつる日本の伝統のみがよく知るところである。」そして後半にある以下の文章を紹介している。「キリスト教は血の意義をもっとも深く自覚した宗教である。ほとんど唯一といってもいいかもしれない。すなわちキリストの血こそ救いの根源であるという思想である。」日本のキリスト者こそが靖国の英霊の血の意味をもっとも深く理解する者であるから、靖国思想に従って、国のために立たなければいけないことが、当時の日本のキリスト者によって主張されていたことを指摘している。

高橋はカトリック教徒の永井隆についても言及している。永井は長崎に原爆が投下された後、放射線医学の専門家として被爆者の治療にあたりながら、同時に有名な「原子爆弾合同葬弔辞」を書いている。これは爆心地浦上で被爆死を遂げた八〇〇〇人のカトリックの信者たちに対する弔辞である。弔辞の中で、永井は、長崎に原爆が投下されたのは神の「摂理」であったと言う。天に召された八〇〇〇人のカトリック信徒は戦争を繰り返してきた人類の罪悪の償いとして「犠牲の祭壇に屠られた」としている。高橋は続いて、外国の事例として、マーティン・ルーサー・キング牧師を取り上げている。キング牧師が書いたものの中に「第十六番通りバプテスト教会爆破による幼い犠牲者たちへの告別の辞」があある。そのスピーチを紹介している。バーミングハムのバプテスト教会で祈りをささげている最中に、白人の黒人差別者たちによって教会が爆破され、幼い子どもたちが何人も犠牲になる事件についてである。事件の犠牲者悼む告別の辞として「この罪のない無垢で、美しい少女たちはかつて例のない人道に反する極悪非道な犯罪の犠牲になった」としている。しかし、「少女たちの死は高貴なものであった。」「彼女たちは人間の自由と尊厳のための聖なる戦いの殉教者となったヒロインである。」としている。この不条理な苦難は贖罪の力を持つ。redemptive power を持つとされていることに、高橋は注目している。キリスト教におけるこの犠牲の論理は、「贖罪」という観念と深い関係を持っていると、高橋は指摘している。少女たちの死は決して無駄ではなかった。それは、彼女たちの死、彼女たちの流した無垢な血が贖罪の犠牲の意味を持っているからだとの記述に、高橋は注目している。最後に高橋は「贖罪論なきキリスト教は可能なのか」という問いかけをしている。高橋は贖罪論が、イエス・キリストの十字架による死を贖罪の犠牲とする考え方だとし、「死をもってしか贖うことのできない罪がある」という思想を前提にしていると述べている。人類の罪はあまりにも深い罪なので、普通の人間にはそれを贖うことが難しい。神の子たるイエス自身が十字架上で重い罪の全てを背負って、死に至ることをもってしか贖えない。高橋は、これがまさにキリスト教における「犠牲の論理」に他ならないとしている。高橋はさらに、イエスにおいて重要なのは彼が生きたときに教えた教えと、その生き方であって、十字架上で死ぬことが彼の目的ではなかったのではないかと、疑問を呈している。もし十字架上で犠牲の死、贖罪の死をとげて人類を罪から解放することが彼の目的だったとするならば、結局死ぬだけでよかったということにならないか、と問いかけている。キリスト教の中心概念の一つである「贖罪論」が、「犠牲の論理」に通底しているという高橋の指摘は、日本のナショナリズムとキリスト教の関係を考察する上で、大きなチャレンジとなる。キリスト教が批判する「靖国」や「天皇制」がキリスト教と「犠牲の論理」において、原理的な同質性、親和性を持つ可能性を示唆するからである。勿論、キリスト教の内部からも贖罪論批判が多々あり、日本の神学者や聖書学者によっても多くの論考が発表されている。また、高橋の問題提起に関連して、雑誌『福音と世界』二〇一八年三月号では「キリスト教と犠牲のシステム」を特集している。この特集に寄稿している神学者の小原克博は、その論考の中で「伝統的な贖罪論・十字架理解こそが、「尊い犠牲」を正当化してきた問題の根源ではないか」とする高橋の問いの立て方が神学的には必ずしも正確ではないと指摘している。小原は「むしろ問うべきは、どのような贖罪論において死の美化（殉教の美化を含む）が生じるのか、であろう。イエスの生涯や十字架において再認識すべきは犠牲の再生産ではなく、それを終わらせることである。」としている。小原はさらに、贖罪論が、イエスの食卓・最後の晩餐を含む、その生涯から切り離され、十字架のみに収斂される自己完結したシステムとして了解されることの不正確さをも指摘している。小原は「罪が精神化され、犠牲が元来持っていた「体」と「血」という身体性が失われていくとき、イエスの生涯と十字架は「犠牲の終わり」を指し示していたことが忘れられ、犠牲の再生産が始まるのである。」と結論づけている。小原の反論はイエスの十字架の死をイエスの生涯の全体的な文脈から展開されており、説得力がある。しかし、高橋の指摘する伝統的な贖罪論や十字架理解は、教会に通う信徒の間には一般的であり、イエスの「尊い犠牲」に従い自己犠牲の精神が奨励されることは、教会での説教の定番とも言える。

私自身は「犠牲の論理」がキリスト教の「贖罪論」と親和性を持ち、「犠牲のシステム」に取り込まれていくという高橋の指摘に原則的に賛成する。特に上述した日本の宗教ナショナリズムの歴史から考察した時、キリスト教の「贖罪論」は「犠牲のシステム」と容易に結びつく危険性を内包している。また高橋の批判は、日本の聖書学者である青野太潮の「贖罪論」批判に近似性があると考えられる。青野は「イエスの死」と「キリストの十字架」とが同じ意味を聖書学的には有していないこと、また両者が交換不可能であることを指摘している。「キリストは十字架にかかってわたしたちの罪のために死んでくださった」という表現は新約聖書のどこを探してもないとしている（『十字架の神学』の展開』）。青野はさらに、「十字架」は、常に愚かさであり、躓きであり、弱さであると定義している。青野はこの否定的に見える十字架が、パウロによって逆説的に肯定的なものへと逆転させられていくことを明らかにする。人間にはどんなにそれが悲惨で弱々しく見えようとも、神はそれを肯定的に見ている。このような青野の「十字架」の解釈を私は歓迎する。高橋も指摘するように、イエスが「贖罪」の「死」だけを目的に生まれてきたとする解釈は、イエスの「生」を限定することになる。イエスは貧しい者、差別されている者、飢えている者、渇いている者、病の床に伏す者、牢獄にいる者、これら「最も小さくされた者」と自己を同一化し、共に生きたのである（マタイ二十五章三十一節〜四十六節）。私は人間が罪深く、キリストが十字架において人間に代わって罪を負ってくれたとする「贖罪論」を否定する者ではない。しかし、贖罪信仰がイエスの「生」のあり方を限定的に捉え、キリスト教信仰が狭い「天国と地獄」のどちらに行くか、「救われた者」と「救われない者」という二分法に収斂されてしまうことを危惧する。イエスの十字架での死はイエスの「生」の文脈で理解されねばならい。贖罪信仰が自己完結的な「私」の「救い」という領域から、地域、社会、世界、そして神の被造物との関係性と連帯とに拡大していく時、「犠牲のシステム」に取り込まれない磁場を獲得することが可能となる。天皇制を中核として形成された日本の宗教ナショナリズムは、「犠牲のシステム」に下支えされて現在に至っている。「贖罪論」批判は、キリスト教の平和思想の課題として、さらに議論を重ねていく必要があるであろう。

参考・引用文献

竹内好編『アジア主義』（筑摩書房　一九六三年）
丸山眞男（著）、古矢旬（編集）『超国家主義の論理と心理他八篇』（岩波文庫　二〇一五年）
井上順孝『神道入門』（平凡社　二〇〇六年）
中島岳氏『ナショナリズムと宗教』（春風社　二〇一四年）
三谷太一郎『日本の近代とは何であったのか』（岩波書店　二〇一七年）
高原基彰『不安型ナショナリズムの時代』（洋泉社　二〇〇六年）
中島岳志・島薗進『愛国と信仰の構造—全体主義はよみがえるのか』（集英社　二〇一六年）
香山リカ『ぷちナショナリズム症候群—若者たちのニッポン主義』（中央公論社　二〇〇二年）
藤原聖子『宗教と過激思想』（中公新書　二〇二一年）
高橋哲哉『神学研究』第六十三号（関西学院大学神学部　二〇一六年）
小原克博「犠牲の論理とイエスの倫理」、『福音と世界』二〇一八年三月号（新教出版　二〇一八年）
青野太潮『「十字架の神学」の展開』（新教出版　二〇一三年）
山本俊正監修　『東北アジア平和共同体の構築と課題』（佼成出版　二〇一七年）
山本俊正「近代日本のアジア認識と戦後の教会の取り組み」『福音と世界』二〇一七年七月号（新教出版　二〇一七年）

あとがき

「北東アジアにおける平和思想史」は二〇一八年一〇月から二〇二一年九月までの三年間、富坂キリスト教センターが主宰した研究プロジェクトであった。一〇人の研究メンバーと総主事である岡田仁先生の参加のもと、北東アジアや平和思想と関連する様々な研究活動や対話が繰り広げられてきた。本書はその成果の一部であるが、本書の文章には含まれていない様々な対話と考察の内容が無数にあり、それは無形の記憶として、さらに平和思想として地域の内外で拡大・継承されていくことと信じている。

そして本書は、「地域」「市民」「宗教」というキーワードに着目し、以下三つの部で構成されている。まず第一部は「北東アジアにおける平和思想の課題とチャレンジ」というタイトルである。第一章では、東アジアという概念を考察する理論的、歴史的な視座を与えてくれる。地域は既に存在するものではなく「創られるもの」であるが、その地域を築く主体において国家・市場・市民社会が提示されている。「東アジア」という地域アイデンティティの形成のためには市民社会の役割が大切であるということも印象的である。第二章では、拡大する中国のプレゼンスを中国側の視座から分析している。中国の覇権的な台頭が「平和」をもたらすかを考察するためにも重要である。第三章では、朝鮮半島の平和思想を紹介しつつ現存する南北コリアの平和的共存のあり方について問うている。

続く第二部「平和思想と市民社会」では、第一章の議論を具体化する役割を果たしている。第四章では日韓関係の悪化と改善について「パブリック・ディプロマシー」という概念を通じて模索する。第五章では平和教育の具体的な変革を通じていかに和解と平和構築がなされるべきなのかについて、重要な鍵概念と教訓となるモデル事例を紹介している。第六章では沖縄の事例を通じて「連帯」という概念をもう一度見直し、真のアクター間の関係性のあり方について問いかけている。

第三部「平和思想と宗教の課題」では、「宗教」なかでもキリスト教の視点から平和問題について問いかけている。第七章では「神の国」という概念考察を通じて、日本における国家、宗教、そしてジェンダーの相互作用について示唆に富んだ考察がなされている。第八章では、台湾の事例から、民主化をはじめとする平和問題にキリスト教会が果たしてきた役割についての事例分析を行っている。キリスト教やキリスト者を一枚岩として捉えるのではなく、教派や教理による平和への視座を学ぶ上で参考になる。そして第九章では近代以来つづく日本のアジア認識や宗教ナショナリズムの課題についての批判的な分析がなされている。明治維新、植民地主義、戦後、そして現在まで日本国家と神道はどのような課題を生み出し、それはどこまで解決しているのだろうか。この点について考えるきっかけを読者に与えてくれる。

若い世代を読者として想定した本書の内容の一部が理解する上で難しかったり馴染みのなかったりするテーマであるかもしれない。けれども、過去、現在、そして未来という時間軸や日本、東アジア、世界という空間軸における平和を模索する上で、本書の内容の多くは多くのメッセージとインスピレーションを与えてくれると自負している。

大学で教鞭を執る身として「知ることから始めたい」という学生たちの文章に触れることが多い。それは、とても立派な問題意識の一つではあるが、不十分であることもあえて加えておこう。「知ったうえで、悩み、苦しみ、そして変化のために行動したい」という誓いがあってこそ平和の種はその芽が出るだろう。そんな思いを抱く読者の姿を想像しながら本書のあとがきを締めくくる。

金敬黙

執筆者紹介

李鍾元（リー・ジョンウォン）

早稲田大学大学院アジア太平洋研究科教授

一九五三年韓国生まれ。国立ソウル大学中退後、一九八二年に来日。東京大学で博士号を取得。専門は国際政治学。東北大学法学部助教授、立教大学法学部教授を経て、二〇一二年より現職。

謝志海（しゃ・しかい）

共愛学園前橋国際大学国際社会学部准教授。北京大学国際関係研究科博士後期課程修了。早稲田大学アジア太平洋研究科博士後期課程単位取得退学。博士（国際関係学）。アジア開発銀行研究所リサーチ・アソシエート、共愛学園前橋国際大学専任講師を経て現職。

李贊洙（イ・チャンス）

（韓国）報勳教育研究院院長。比較宗教学、平和学。西江大学宗教学科修了、文学博士。

江南大学教授、国立ソウル大学ＨＫ研究教授などを歴任。主な著書と論文に『社会はなぜ痛いのか、自発的奴隷たちの時代』、『平和と平和たち』、『世界平和概念史』、「Disaster. The Otherization of Nature, the Reification of Human Beings, and the Sinking of the MV Sewol」ほか。

金敬默（キム・ギョンムク）
早稲田大学文学学術院教授。平和研究をテーマに教鞭を執る傍ら、NGO活動にも参加。二〇二一年からSocial Gallery KYEUMを共同主宰している。

松井ケテイ（マツイ・ケテイ）
清泉女子大学地球市民学科教授。包括的平和教育、協調的コミュニケーション法（和解と対話を含む）などを専門とする。東北アジア重点に平和教育・平和構築活動行っている。

大城尚子（おおしろ・しょうこ）
沖縄国際大学非常勤講師。博士（国際公共政策）。主な論文に「現代における先住民族居住地の軍事的再植民地化―ハワイ、ディエゴガルシア、沖縄」（大阪大学博士論文）や「海洋保護区と米軍基地―ディエゴガルシアを事例に」（『沖縄を世界軍縮の拠点に―辺野古を止める構想力』岩波書店、二〇二〇年）などがある。

神山美奈子（かみやま・みなこ）
名古屋学院大学商学部准教授。関西学院大学神学部及び神学研究科修了、神学博士（Th.D）。（韓国）延世大学と梨花女子大学へ留学、専門は実践神学、日韓キリスト教史。

黄哲彦（シー・テッガン）
台湾キリスト長老教会聖書学院講師。山脚教会牧師を経て、今台湾キリスト長老教会総会幹事。

山本俊正（やまもと・としまさ）
元 関西学院大学教授・宗教主事。日本キリスト教協議会（NCC）総幹事を歴任。現在、北東アジアのこどもたちが描いた絵画展、「南北コリアと日本のともだち展」代表。著書に「アジア・エキュメニカル運動史」等。

北東アジア・市民社会・キリスト教
から観た「平和」

（検印省略）

・写真提供　「賀川豊彦記念館」
・カバー写真「辺野古」撮影　佐々木　貴弘
・カバー・帯デザイン　群馬　直美

2022年 4 月15日　初版第 1 刷発行

富坂キリスト教センター編
発行者　白井　隆之

発行所　燦葉出版社　東京都中央区日本橋本町 4 － 2 － 11
電　話　03（3241）0049　〒 103 － 0023
ＦＡＸ　03（3241）2269
http://www.nextftp.com/40th_over/sanyo.htm

印刷所　日本ハイコム株式会社